AF456381

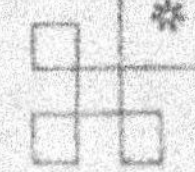

Edition - Leduc

SOLFÈGE

PRATIQUE ET THÉORIQUE

A L'USAGE

Des Collèges, Maisons d'Education, Pensionnats et Séminaires.

AUGMENTÉ DE CHANTS A UNE ET A DEUX VOIX

PAR

LOUIS MÜLLER

DIXIÈME ÉDITION

PARIS
Librairie Musicale
ALPHONSE LEDUC, 3, RUE DE GRAMMONT

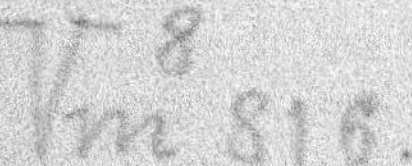

AVIS

Nous avons cherché à améliorer cette nouvelle édition de notre Solfège. Toutefois nous ne nous faisons pas illusion; il en est des solfèges comme de tous les livres classiques; ils ne sauraient jamais remplacer les leçons du maître, ni les efforts personnels de l'élève; ils sont un simple secours, un guide qui s'offre à tous indictinctement, mais dont chacun profite plus ou moins.

Nous partons des premières notions, et, quoique nous ne dépassions pas les limites de l'ouvrage le plus élémentaire, nous ouvrons cependant la route qui permet d'atteindre le but au delà duquel la plupart des élèves ne s'élèveront jamais. Quand on s'adresse à des commençants, il faut d'abord faire chanter la gamme à chaque élève isolément; on apprend ainsi à connaître les dispositins vocales de chacun. On les dispose ensuite par groupes; s'il y a des diapasons différents, chaque diapason forme un groupe, et si l'on chante à l'unisson, il est encore avantageux, pour la plupart des exercices, de partager les élèves en deux groupes.

S'il se trouvait des élèves trop faibles, il serait nécessaire de les amener au niveau de leurs condisciples par quelques leçons particulières.

La marche à suivre pour l'intonation, l'enseignement théorique et la pratique du chant, est indiquée par notre livre lui-même.

La disposition des leçons et les différentes remarques que nous avons ajoutées au bas des pages sont un guide suffisant.

Du reste, nous n'avons aucunement envie de recommander une méthode à l'exclusion des autres ; nous sommes, au contraire, convaincu que les bons procédés sont nombreux et variés. Le professeur suivra nos indications dans les parties seulement qu'il ne saurait pas remplacer par quelque chose de plus parfait et de mieux adapté aux circonstances.

Chaque leçon peut comprendre trois exercices différents : un exercice de solmisation, une leçon théorique et l'étude d'un chant. Ces trois exercices sont en rapport avec les trois parties de notre livre.

Quand le temps manque dans une leçon, on supprime sans inconvénient l'un ou l'autre de ces exercices.

Nous recommandons particulièrement, au début, le chant à demi-voix ; à mesure que la voix s'assouplit, on lui laisse prendre plus d'ampleur, *mais on ne tolère jamais ce qui ressemblerait à des cris.*

La troisième partie forme un véritable recueil de chants appropriés au caractère des élèves et aux circonstances les plus ordinaires de leur vie. C'est pour nous un devoir de nommer ici M. l'Abbé Lalanne qui nous a fourni, en les composant ou en les choisissant lui-même, la plupart des paroles de nos chants, ainsi que M. Gounod, qui nous a honoré de sa bienveillance en nous transmettant, avec ses encouragements, les conseils les plus judicieux.

LOUIS MÜLLER. — SOLFÈGE.

PREMIÈRE PARTIE

PRINCIPES ÉLÉMENTAIRES_INTONATION

Les noms des sept sons qui composent l'alphabet musical sont:

Do,[1] *Ré, Mi, Fa, Sol, La, Si*

Ces sept sons se disposent sur une échelle de cinq lignes parallèles dont l'ensemble prend le nom de *Portée.*

5e ligne	
	4e interligne.
4e ligne	
	3e interligne.
3e ligne	
	2e interligne.
2e ligne	
	1er interligne.
1re ligne	

Les sept sons sont représentés par des signes qu'on appelle notes; (● o ou ○) on les place sur les lignes et dans les interlignes:

Pour déterminer le nom des notes sur la portée, on place sur l'une des cinq lignes un signe appelé *Clef.*

Cette clef donne son nom à la note placée sur cette ligne.

Il y a en musique trois sortes de clefs, savoir:

La clef de *Sol* (𝄞) sur la 2me ligne.

La clef de *Fa* (𝄢) sur la 4me ligne. } [2]

La clef d'*Ut* (𝄡) sur la 1re 3me ou 4me ligne. }

Clef de *Sol*... 𝄞 SOL

Le nom des notes, en musique, dépend de leur position sur la portée et de la clef dont celle-ci est armée. La position du Sol étant déterminée, on trouve facilement les autres notes d'après ce point de départ.

(1) Ut *a été remplacé par* Do. *Cette syllabe est généralement admise dans l'enseignement du Chant.*

(2) *Dans cette Première partie, nous ne faisons qu'indiquer les clefs de* Fa *et d'*Ut. (Voir le questionnaire page 40)

EXERCICES PRATIQUES

pour apprendre à nommer les notes[1]

[1] *Il est très-utile, dès la 1re Leçon, de bien faire prononcer le nom des notes, et de faire apprendre, par cœur, les notes sur les lignes et dans les interlignes.*

LEÇONS PRATIQUES

pour apprendre à nommer les notes de la clef de Sol [1]

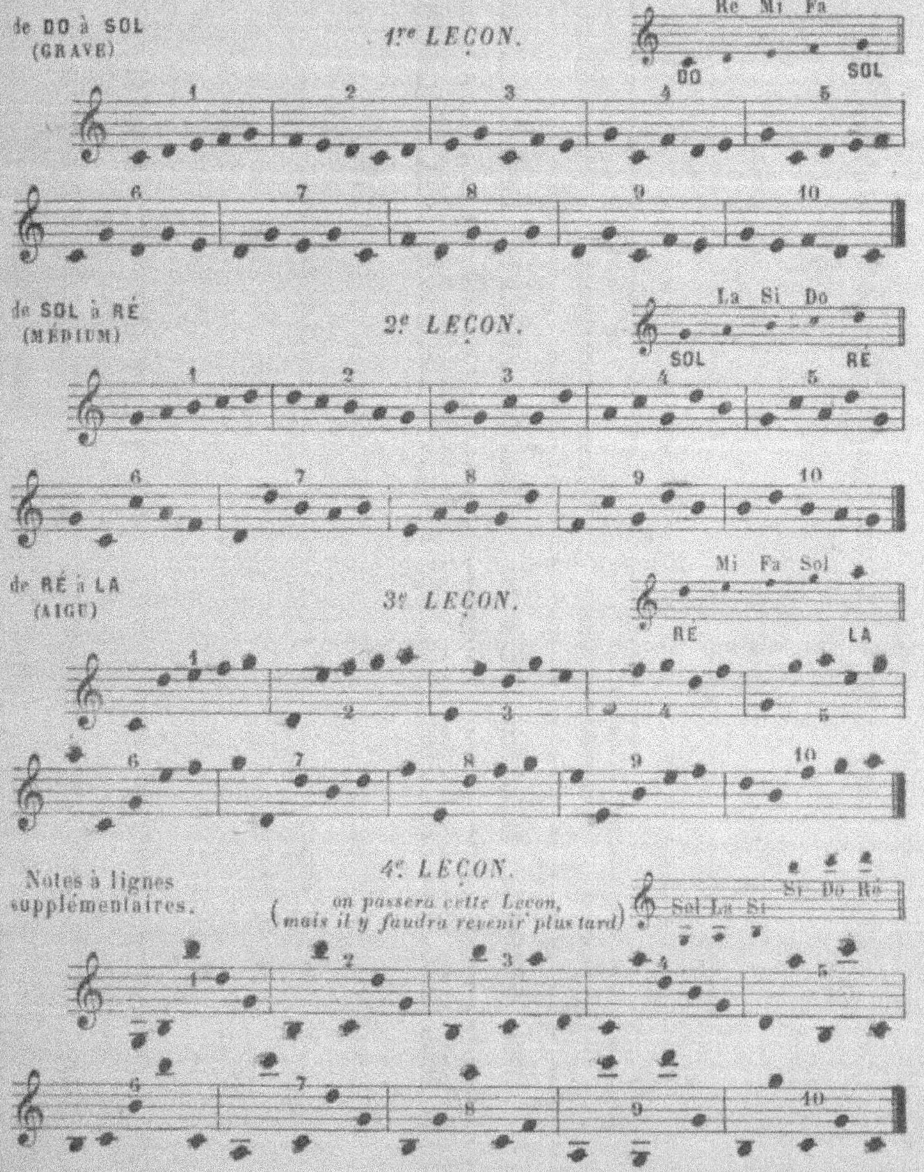

(1) *Il dépend de la volonté du professeur de faire faire ces exercices à haute voix, par tous les élèves ou bien par chacun séparément. Ne jamais passer d'un exercice à un autre que lors, que le précédent est bien su.*

Tableau comparatif des diverses valeurs des notes entr'elles.

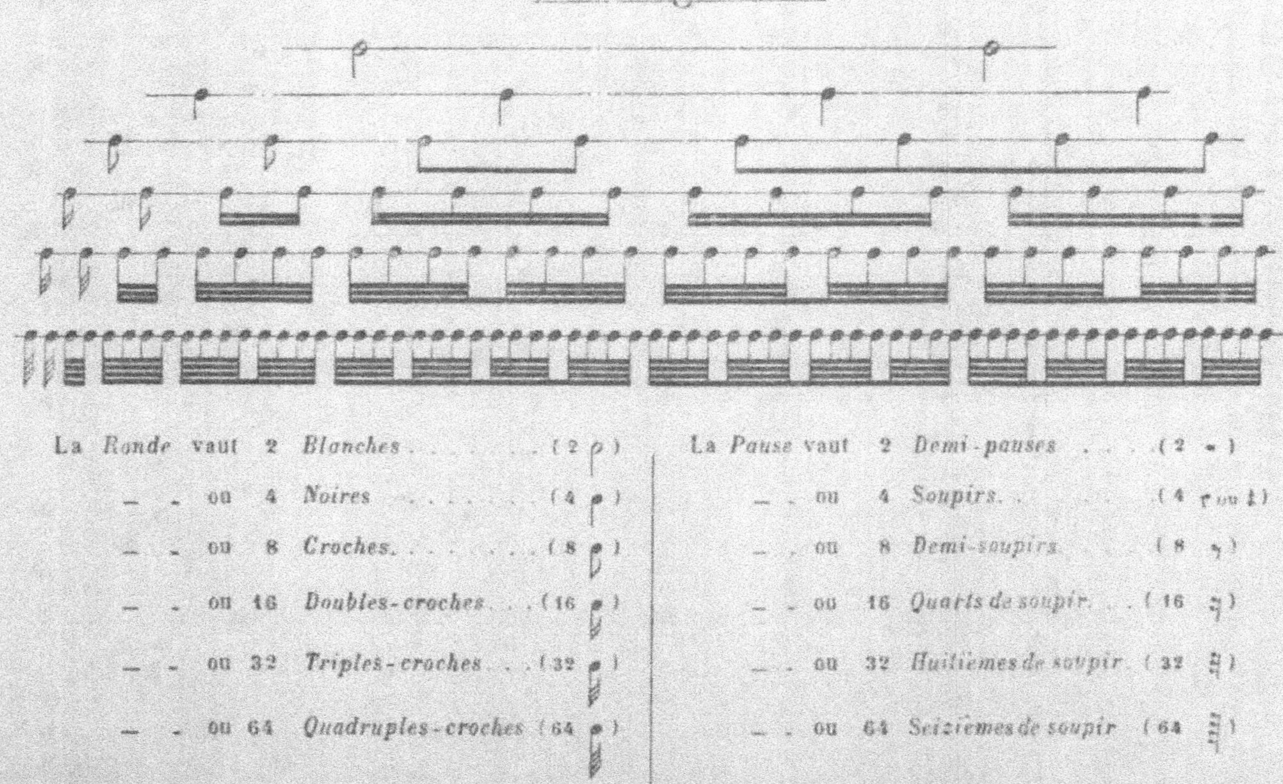

La *Ronde* vaut 2 *Blanches* . . . . (2 𝅗𝅥)	La *Pause* vaut 2 *Demi-pauses* . . . (2 ▬)
— . ou 4 *Noires* . . . . (4 ♩)	— . ou 4 *Soupirs*. . . . . . (4 𝄽 ou 𝄽)
— . ou 8 *Croches*. . . . . (8 ♪)	— . ou 8 *Demi-soupirs* . . . (8 𝄾)
— . ou 16 *Doubles-croches* . . . (16 𝅘𝅥𝅯)	— . ou 16 *Quarts de soupir* . . (16 𝄿)
— . ou 32 *Triples-croches* . . . (32 𝅘𝅥𝅰)	— . ou 32 *Huitièmes de soupir* (32 𝅀)
— . ou 64 *Quadruples-croches* (64 𝅘𝅥𝅱)	— . ou 64 *Seizièmes de soupir* (64 𝅁)

FIGURES ET VALEUR DES NOTES ET DES SILENCES

NOTES

	1	2	3	4	5	6	7
FIGURES							
NOMS	Ronde.	Blanche.	Noire.	Croche.	Double croche.	Triple croche.	Quadruple croche.
DURÉE	1 Unité de durée.	$\frac{1}{2}$ la moitié de O	$\frac{1}{4}$ 1 quart de O	$\frac{1}{8}$ 1 huitième de O	$\frac{1}{16}$ 1 seizième de O	$\frac{1}{32}$ 1 trente deuxième de O	$\frac{1}{64}$ 1 soixante quatrième de O

SILENCES

	1	2	3	4	5	6	7
FIGURES			ou				
NOMS	Pause. (*sous la ligne.*)	Demi-pause (*sur la ligne.*)	Soupir.	Demi soupir.	Quart de soupir.	Huitième de soupir.	Seizième de soupir.
DURÉE	1 correspond à la	$\frac{1}{2}$	$\frac{1}{4}$	$\frac{1}{8}$	$\frac{1}{16}$	$\frac{1}{32}$	$\frac{1}{64}$

COMPARAISON DES VALEURS ET DES SILENCES DANS LA PORTÉE.

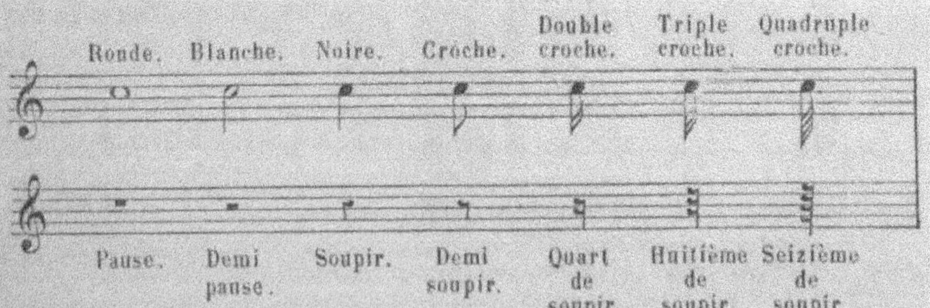

FIGURES DES NOTES ET DES SILENCES.(*)

EXERCICES PRATIQUES.

(L'appellation des notes et des silences pourra être faite à haute voix par tous les élèves ou successivement par chacun d'eux.)

(*) *Le professeur, en questionnant les élèves, aura soin d'expliquer ce que l'on entend par Unité ou note entière, moitié, quart, huitième, seizième, trente-deuxième, soixante-quatrième.*

Cette dernière dénomination indique positivement les valeurs, tandis que les mots Ronde, Blanche, Noire, & & *ne l'indiquent que parce que l'on est convenu d'appeler ainsi ces différentes valeurs.*

DIVISION DIATONIQUE DE LA GAMME.

INTERVALLES SIMPLES.

On appelle *GAMME*, une série de notes qui se succèdent dans l'ordre suivant : *Do, Ré, Mi, Fa, Sol, La, Si, Do.* Chacune de ces notes est un degré de la Gamme. La Gamme entière est composée de deux demi-Gammes exactement semblables. *Do, Ré, Mi. Fa — Sol, La, Si, Do.*

DIVISION DE LA GAMME (1)

	1 Intervalle 2	3	4	5	6	7	8
GAMME	DO à	RE à	MI à	FA à	SOL à	LA à	SI à DO
	un ton	un ton	demi-ton	un ton	un ton	un ton	demi-ton
	DO RÉ MI *deux tons ou deux secondes majeures.*		ou seconde mineure.	FA SOL LA SI *trois tons ou trois secondes majeures.*			ou seconde mineure. DO

La distance d'un degré à un autre se nomme *Intervalle*

Les Intervalles prennent le nom de *Seconde, Tierce, Quarte, Quinte, Sixte, Septième, Octave,* selon qu'ils sont formés par 2, 3, 4, 5, 6, 7, 8 degrés.

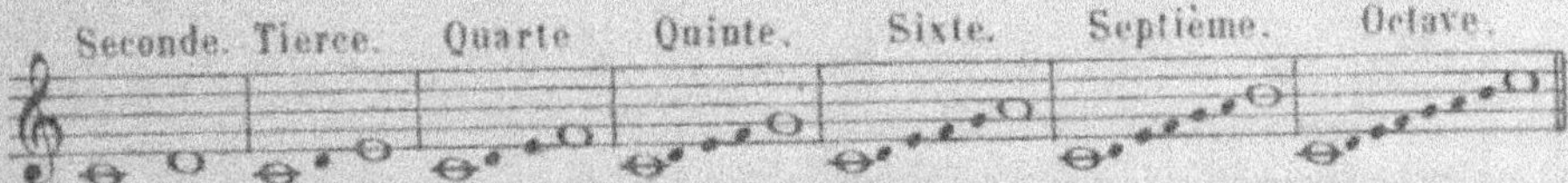

Le plus petit Intervalle, admis en musique, est l'intervalle de *Seconde*; c'est l'unité constitutive de tous les intervalles (2)

L'intervalle de *Tierce* est composé de trois notes diatoniques; celui de *Quarte*, de quatre, et, en ajoutant ainsi toujours une unité, on obtient les intervalles de *Quinte*, de *Sixte*, de *Septième* et d'*Octave*

Pour transcrire la gamme diatonique ascendante et descendante sur la portée avec la clef de Sol.(𝄞) on la fait figurer comme ci-après:

Gamme ascendante. Gamme descendante.

Les deux Gammes sont le produit d'un nombre de secondes successives. Les secondes successives ne sont autre chose que les intervalles naturels qui séparent les différents degrés de la Gamme

La Gamme telle qu'elle est transcrite sert de base à l'intonation dans notre système musical.

(1) *Voir le questionnaire.* page 48

(2) *Nous ne voulons parler ici que des intervalles naturels.*

PREMIER TABLEAU D'INTONATION.

INTERVALLE DE SECONDE. 2 degrés(1)
(un ton ou un demi ton)

1er EXERCICE.

Faites répéter souvent ce 1er Exercice.

2e EXERCICE.

Faites prononcer franchement le nom de toutes les notes.

3e EXERCICE.

Prenez un mouvement plus animé que ci-dessus.

(1) *Les Virgules indiquent la respiration. On solfiera le 1er Exercice* lentement, *et les deux autres plus vite, en répétant chacun d'eux plusieurs fois de suite.*

DEUXIÈME TABLEAU D'INTONATION.

INTERVALLE DE TIERCE. 3 degrés. *(deux tons ou un ton et demi)*

1er EXERCICE.

TROISIÈME TABLEAU D'INTONATION.

INTERVALLE DE QUARTE. 4 degrés.
(deux tons et un demi-ton.)

QUATRIÈME TABLEAU D'INTONATION.

INTERVALLE DE QUINTE 5 degrés.

(trois tons et un demi-ton.)

1er EXERCICE.

CINQUIÈME TABLEAU D'INTONATION.

INTERVALLE DE SIXTE. **6 degrés.**
(quatre tons et un demi-ton)

SIXIÈME TABLEAU D'INTONATION.

INTERVALLE DE SEPTIÈME

7 degrés.
(cinq tons et un demi-ton.)

1er EXERCICE.

SEPTIÈME TABLEAU D'INTONATION.

INTERVALLE D'OCTAVE.

8 degrés.
(cinq tons et deux demi-tons.)

1er EXERCICE.

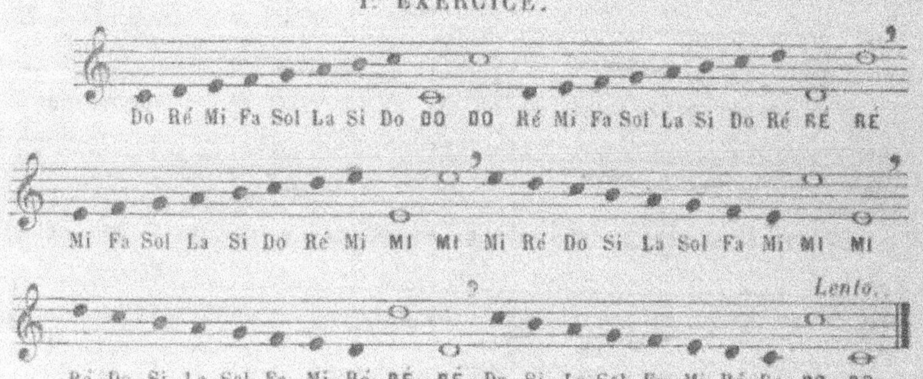

2e EXERCICE.

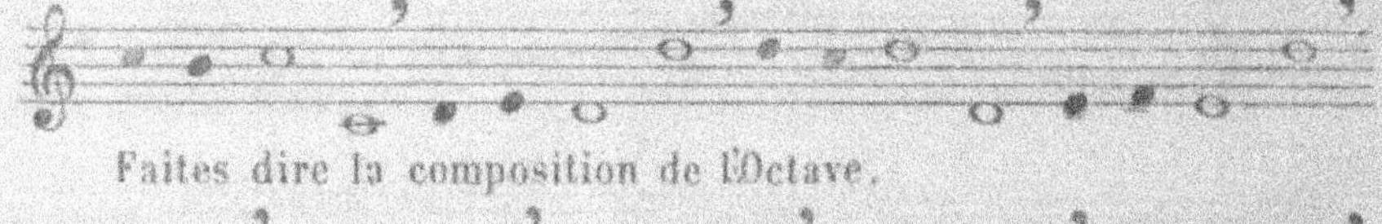

Faites dire la composition de l'Octave.

3e EXERCICE.

Lento.

HUITIÈME TABLEAU D'INTONATION

RÉCAPITULATION DE TOUS LES INTERVALLES SIMPLES

Avant de faire chanter les exercices suivants, on fera dire la composition des différents intervalles de chacun des groupes; cette manière de procéder est un moyen sûr d'acquérir une intonation franche et correcte.

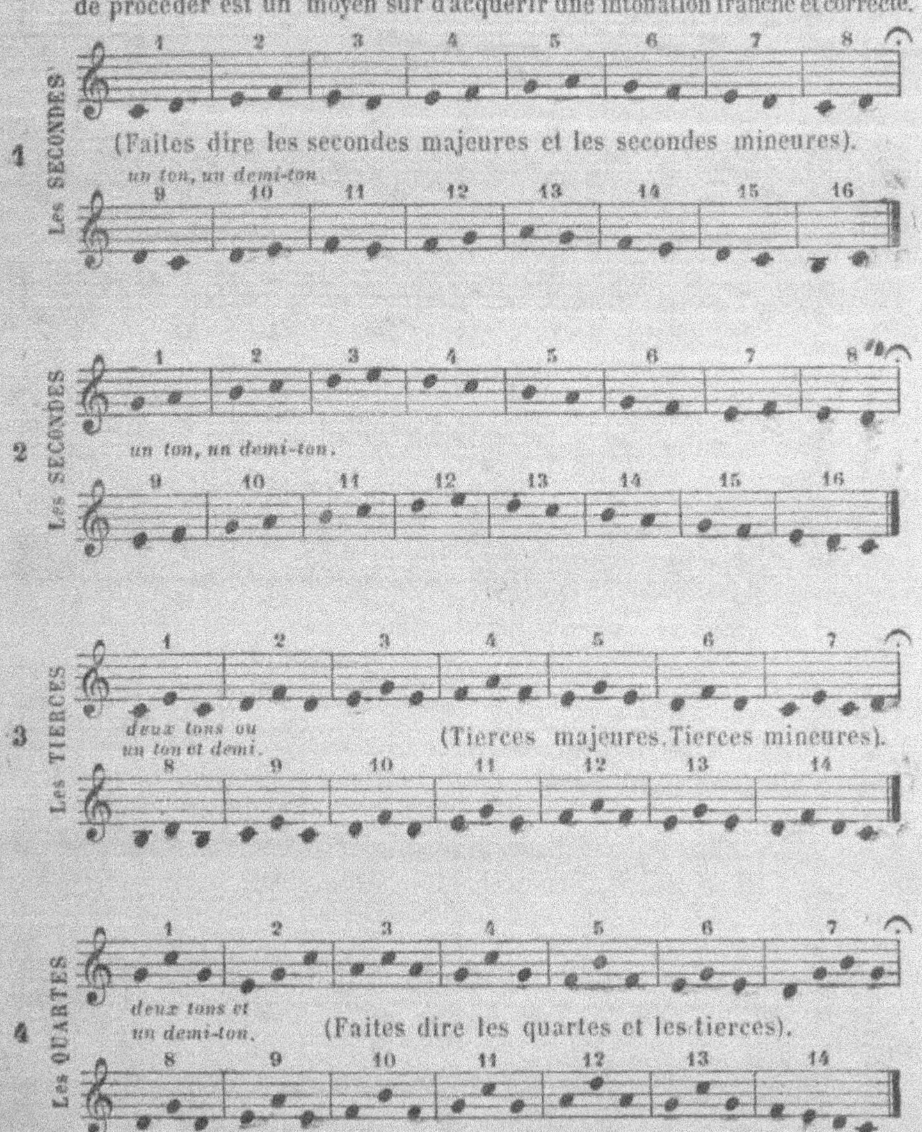

5
QUINTES
trois tons et un demi-ton.
6
SIXTES
quatre tons et un demi-ton.
7
SIXTES
8
SEPTIÈMES
cinq tons et un demi-ton.
9
OCTAVES
cinq tons et deux demi-tons.

DE LA MESURE

Il y a, en musique, trois espèces de mesures, savoir:

La mesure à *deux temps* s'indiquant par le chiffre...... $\frac{2}{4}$

La mesure à *trois temps* s'indiquant par le chiffre...... $\frac{3}{4}$

La mesure à *quatre temps* s'indiquant par la lettre...... C

Dans la mesure à deux temps, chaque temps est représenté par une unité (une noire ♩); de même dans les mesures à trois et à quatre temps. Ces unités sont écrites entre deux traits perpendiculaires appelés *Barres de mesure*.

On appelle *mesure*, l'espace formé par deux barres, entre lesquelles on écrit la valeur des notes et des silences.

Manière de battre la Mesure.

Les trois sortes de mesures sont représentées par les trois figures ci-dessous:

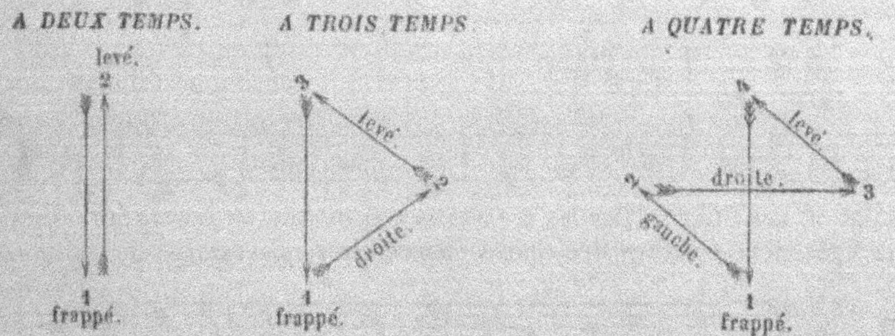

Le *frappé*, premier temps, marque toujours le temps fort; le *levé*, dernier temps, marque toujours le temps faible dans les trois espèces de mesures.

EXERCICES MESURÉS, TRÈS FACILES
pour s'habituer à battre la mesure en solfiant

(Nous ne donnons aucune indication de mouvement aux exercices ci-après; on les fera chanter d'abord lentement, puis en augmentant progressivement la durée).

Faites battre quelques mesures avant de solfier.

Nº 1.

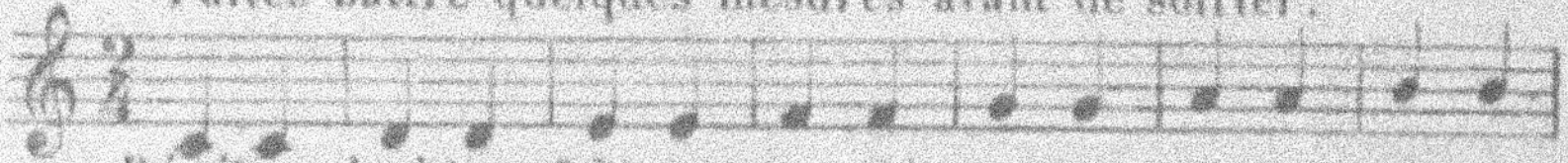

Répétez plusieurs fois ce 1er exercice.

Nº 2.

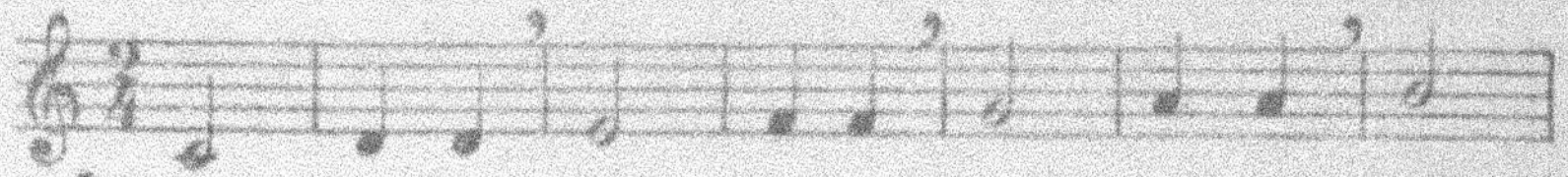

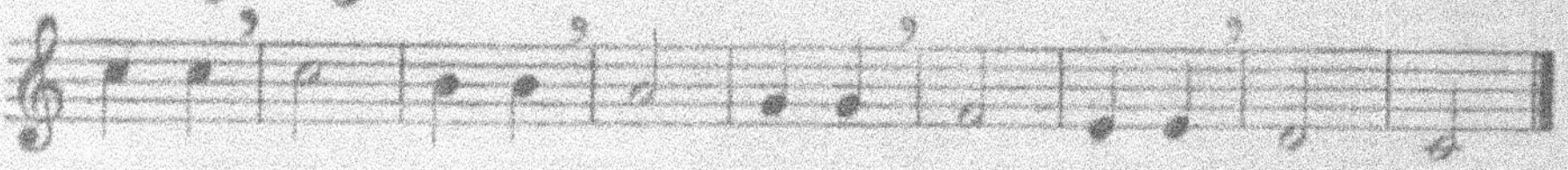

Nº 3.

Soutenez franchement les blanches

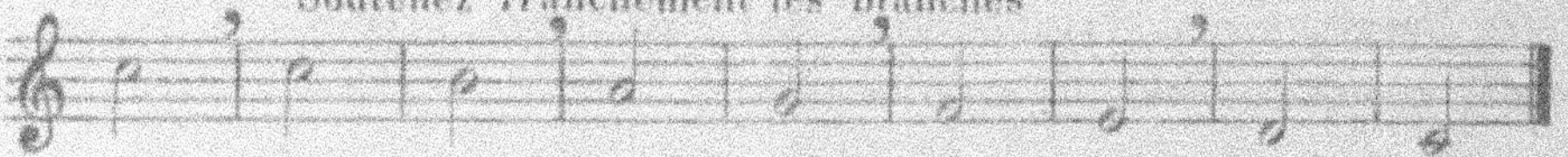

Nº 4.

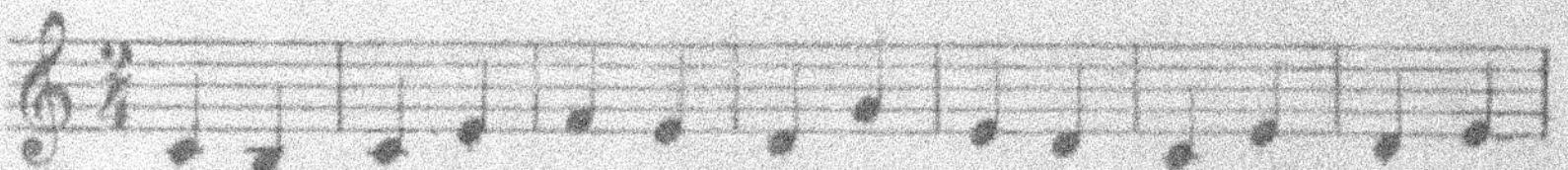

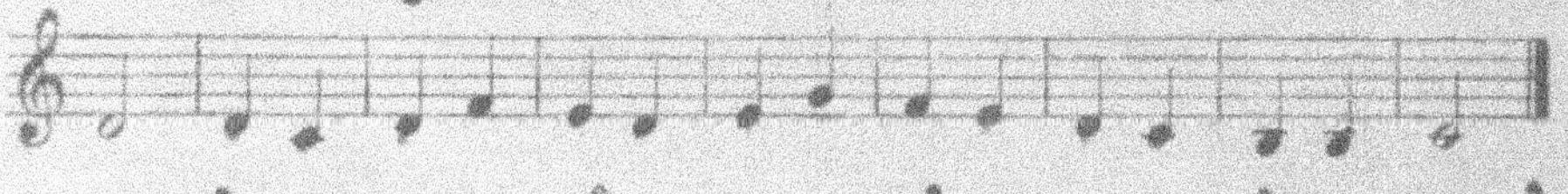

Nº 5.

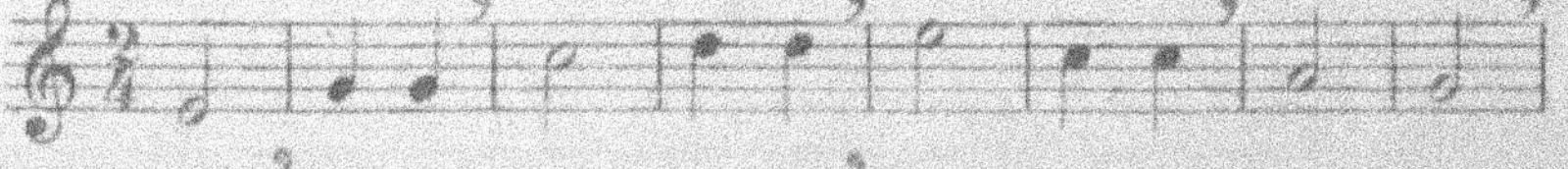

Quand on aura fait solfier les 5 exercices ci-dessus, on pourra faire chanter les 3 premiers numéros des chants élémentaires. (page 54.)

Nº 6.

Après ces exercices, on fera chanter le Nº 5 : *Bonheur d'aimer Dieu*. (page 55.)

EXERCICES PRATIQUES A TROIS TEMPS

(Faites battre quelques mesures à 3 temps)

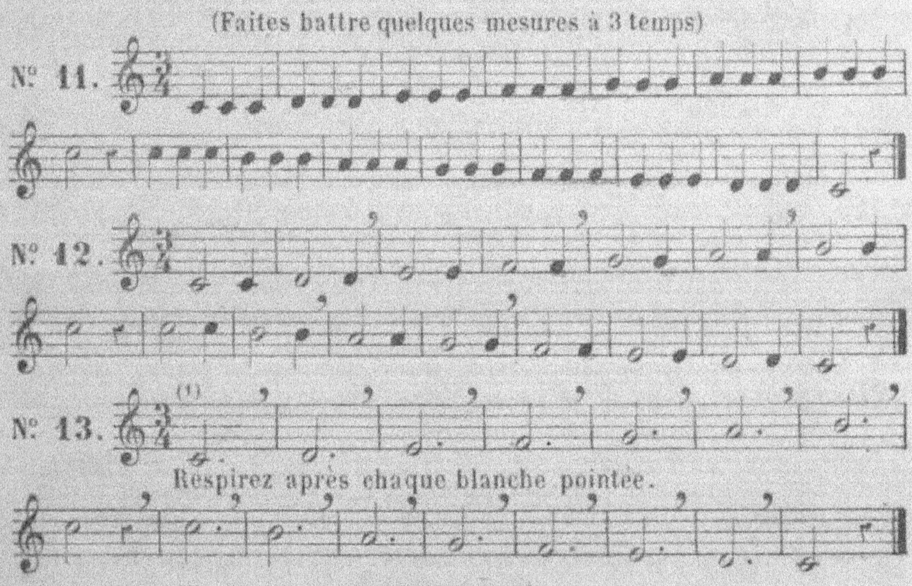

(1) *Le point placé après une note augmente de moitié la durée de cette note.*

A la suite de ces exercices, on fera chanter le Nº 6 · *L'Ange gardien.* (p. 55.)

(Faites battre quelques mesures à quatre temps)

Après ces exercices on fera chanter les N° 7, 8, 9, 10, 11. (page 56 et suiv.)

LES SIGNES ALTÉRATIFS

LE DIESE (♯) LE BÉMOL (♭) LE BÉCARRE (♮)

Le Dièse est un signe qui a la propriété de hausser d'un demi-ton l'intonation de la note qu'il précède

Le Bemol baisse d'un demi-ton l'intonation de la note qu'il précède.

Le Bécarre détruit l'effet du dièse et du bémol.

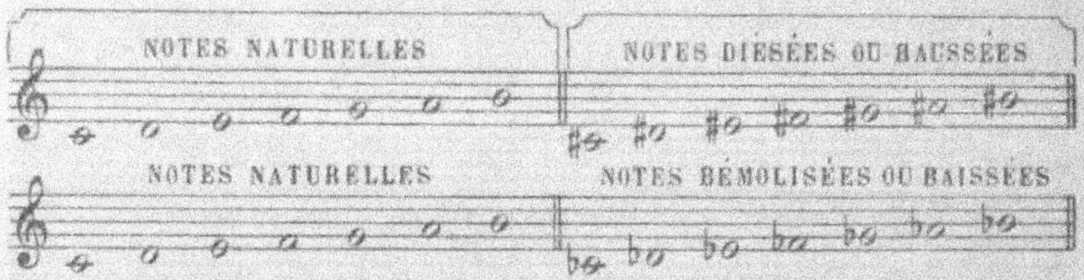

EXERCICES D'INTONATION

SUR LE DIESE (♯)

On solfie d'abord DO, SI, DO, et on repète ensuite les groupes sur le même air.

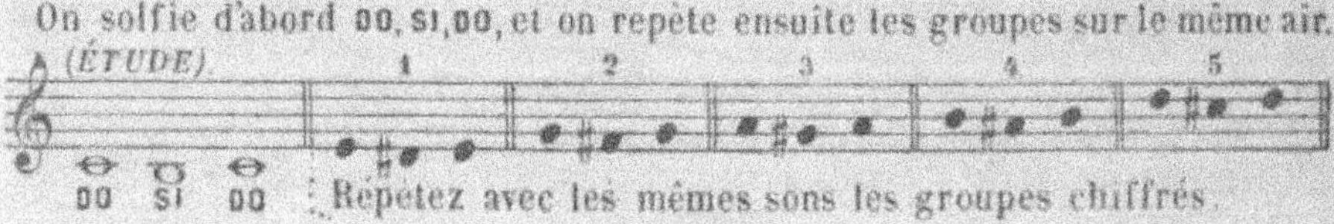

Nº 29.
1
2
3
4
5
6
7
8
Nº 30.
1
2
3
4
Le demi-ton diatonique est représenté par deux notes de différents degrés.
1
2
3
4
5
6
(ÉTUDE).
Répétez avec les mêmes sons les groupes chiffrés
Nº 31.
Nº 32.
Le demi-ton chromatique est représenté par deux notes de même degré.
1
2
3
4
5
(ÉTUDE).
Répétez avec les mêmes sons le groupes chiffrés
Nº 33.
Nº 34.

EXERCICES D'INTONATION

SUR LE BÉMOL (♭)

On solfie d'abord MI, FA, MI, et on répète ensuite les groupes chiffrés sur le même air.

Les Nos 12, 13, 14 et 15 doivent être chantés d'abord lentement. Les élèves en feront l'analyse c'est-à-dire nommeront le demi-ton diatonique et le demi-ton chromatique. (voir p. 57 et 58).

SIX ETUDES MÉLODIQUES SUR LES ACCIDENTS[1]

(1) *On nomme accidents, les trois signes ♯, ♭, ♮ par lesquels on modifie accidentellement le son des notes.*

Nº 41.
A
B
Nº 42.
A
B

A la suite de ces exercices, on fera chanter les N.os 21, 22; etc, jusqu'au N° 34. (page 61.)

DE LA LIAISON (*)

La *Liaison* est un signe ⁀ ou ‿ qui sert à unir deux notes de même son, de manière à n'en former qu'une seule émission de voix.

On emploie aussi la liaison pour lier deux ou plusieurs notes pendant l'exécution desquelles la respiration ne peut avoir lieu. Voyez les numéros 49, 50, etc. etc.

(*) *Voir les temps forts et les temps faibles.* Chap: 5e (*Questionnaire.*)

Dans ce petit traité, nous n'avons pas jugé très-utile de traiter pratiquement la Syncope. Les exercices ci-dessus serviront à faire comprendre aux jeunes élèves, l'effet musical d'un caractère étrange produit par le son prolongé qui se trouve coupé par le mouvement qui marque la mesure.

Les exercices ci-après doivent être vocalisés. Toutes les liaisons seront strictement observées, comme elles sont écrites. (1)

(1) *Vocaliser signifie: chanter sur une seule voyelle A.*

DE LA DIVISION DES TEMPS

EXERCICES PRATIQUES SUR LA CROCHE

Le demi-soupir, placé au commencement de la mesure, demande l'exécution du premier temps.

DU MOUVEMENT EN MUSIQUE ET DE SES INDICATIONS

On entend par *mouvement* le degré de lenteur ou de vitesse avec lequel il faut battre la mesure. Il y a cinq principaux mouvements qui s'indiquent, en tête des morceaux, par ces mots:

LARGO.	ADAGIO.	ANDANTE.	ALLEGRO.	PRESTO.
(LARGE, LENT)	(POSÉMENT)	(MODÉRÉ)	(VIF, GAI)	(VITE)

Ces cinq principaux mouvements se subdivisent en mouvements intermédiaires, savoir:

LARGHETTO *(moins lent que largo)*
ANDANTINO *(moins lent que l'andante)*
ALLEGRO MODERATO *(vitesse modérée)*
ALLEGRO COMMODO *(commodément)*
ALLEGRO MAESTOSO *(majestueux)*
ALLEGRO TEMPO DI MARCIA *(mouv[t] de marche)*

ALLEGRO CON BRIO *(vif, avec éclat)*
ALLEGRO FIERO *(fier)*
ALLEGRO CON ANIMA *(avec âme)*
ALLEGRO AGITATO *(agité)*
ALLEGRO VIVACE *(vivement)*
PRESTISSIMO *(plus vite que presto)*

Voici quelques termes de nuances qui sont écrits par abréviations dans le courant d'un morceau:

PIANISSIMO	*(pp)*	*très-faible*
PIANO	*(p)*	*faible, doux*
MEZZO FORTE	*(mf)*	*demi-fort.*
FORTE	*(f)*	*fort.*
FORTISSIMO	*(ff)*	*très-fort.*
DOLCE	*(Dol)*	*doux.*
SFORZANDO	*(sf)*	*en forçant.*
RINFORZANDO	*(Rinf)*	*en renforçant.*
CRESCENDO	*(Cresc)*	*en croissant.*
DECRESCENDO	*(Decresc)*	*en décroissant.*
DIMINUENDO	*(Dim)*	*en diminuant.*
ESPRESSIVO	*(Express)*	*avec expression.*

SIX MELODIES

Les *six Mélodies*, sur la croche, seront d'abord solfiées; puis on les vocalisera, en observant les liaisons prescrites.

Après ces exercices, on choisira les chants les plus convenables: Nºs 16, 17, 18, 19, 20, etc.

Moderato.
Nº 66.
Moderato.
Nº 67.
1 2 3 1 2 3 1 2 3 1 2 3
A
B
C

Allegro moderato
Nº 68.
Andante.
Nº 69.
Liez bien les sons.

Andante.
N°. 70.
N°. 71.

DEUXIÈME PARTIE

QUESTIONNAIRE

CHAPITRE I

D. *Qu'est-ce que la musique?*

R. La musique est l'art de combiner les sons.

D. *Quel est l'objet de la musique?*

R. L'objet de la musique, c'est d'émouvoir l'âme et d'en exprimer les diverses affections.

D. *Combien distingue-t-on de sons en musique?*

R. On en distingue sept que l'on nomme: (DO ou UT) RÉ, MI, FA, SOL, LA, SI.

D. *Comment représente-t-on les sons en musique?*

On représente les sons en musique par des caractères (𝅗𝅥) (♩ ♩ ♩) qu'on nomme notes, et qu'on place sur une échelle composée de cinq lignes parallèles, séparées par quatre intervalles en blanc ou interlignes. L'ensemble de ces lignes et interlignes prend le nom de *Portée*.

PORTÉE

D. *La portée peut-elle être augmentée?*

R. La portée, selon le besoin, peut être augmentée de petites lignes que l'on appelle LIGNES SUPPLÉMENTAIRES. Par ce moyen on peut écrire autant de sons qu'on le désire.

EXEMPLE.

D. *Comment connaît-on le nom des notes sur la portée?*

R. On connait le nom des notes sur la portée à l'aide d'un signe nommé clef, placé en tête de la portée.

D. *Qu'est-ce qu'une clef?*

R. C'est un signe que l'on place sur une des cinq lignes de la portée, et qui donne son nom à la note placé sur cette ligne.

D. *Combien y a-t-il de clefs en musique?*

R. Il y a en musique trois sortes de clefs, savoir: la clef de SOL 𝄞 la clef de FA 𝄢 et la clef d'UT 𝄡

D. *Sur quelles lignes de la portée se placent les trois sortes de clefs?*

R. La clef de SOL 𝄞 se place généralement sur la 2me ligne; la clef de FA 𝄢 sur la 4me, et la clef d'UT 𝄡 sur la 1re, la 3me ou la 4me ligne.

D. *Quelle est la destination particulière de chacune de ces trois clefs?*

R La clef de sol correspond aux sons aigus: la clef de fa aux sons graves, et la clef d'ut aux sons du médium (milieu)

D. *Quelle est la manière d'étudier les notes sur une clef quelconque?*

R. C'est de s'appliquer à connaître celles qui occupent les cinq lignes de la portée, ensuite on passera à celles qui sont dans les interlignes.

D *Quelles sont les clefs les plus usitées?*

R. Les clefs les plus usitées sont celles de SOL et de FA

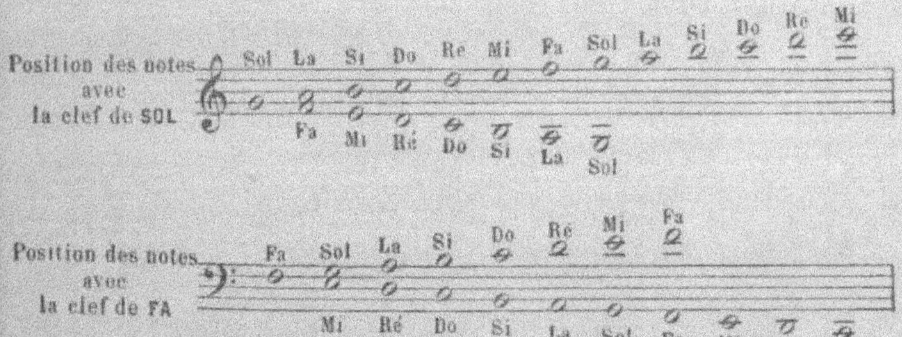

CHAPITRE II

De la durée des sons — Signes de durée

D. *Qu'est-ce qu'on entend par durée d'un son?*

R. On entend par durée d'un son un certain espace de temps, pendant lequel un son doit être produit.

D. *Comment indique-t-on la durée des sons?*

R. On indique la durée des sons par la figure des notes.

D. *Quels sont les noms des diverses figures de notes?*

R. Ce sont: la Ronde (𝅝), la Blanche (𝅗𝅥), la Noire (♩), la Croche (♪), la Double-croche (𝅘𝅥𝅯), la Triple-croche (𝅘𝅥𝅰), et la Quadruple-croche (𝅘𝅥𝅱).

D. *Quelle-est l'unité principale de durée?*

R. L'unite principale de durée est celle qui correspond à la ronde (𝅝).

D. *Quelle-est l'unité de temps?*

R. L'unité de temps est la durée correspondante à la noire (♩).

D. *Quelles sont les durées supérieures à l'unité de temps?*

R. Ce sont: celles de la ronde (𝅝) et de la blanche (𝅗𝅥).

D. *Quelles sont les durées inférieures à l'unité de temps?*

R Ce sont: celles de la croche (♪), de la double-croche (𝅘𝅥𝅯), de la triple-croche (𝅘𝅥𝅰), et de la quadruple-croche (𝅘𝅥𝅱).

D. *Combien de significations peuvent avoir les notes?*

R. Les notes peuvent avoir deux significations, savoir: 1° celle de durée indiquée par leurs figures, et 2° celle de nom, indiquée par leur position.

TABLEAU INDIQUANT LA DURÉE DES DIFFÉRENTES FIGURES DE NOTES, RAPPORTÉE A L'UNITÉ PRINCIPALE.

NOMS.	FIGURES.	DURÉE COMPARATIVE.	
RONDE	𝅝	L'UNITÉ	1
BLANCHE	𝅗𝅥	LA MOITIÉ	$\frac{1}{2}$
NOIRE	♩	LE QUART	$\frac{1}{4}$
CROCHE	♪	LE HUITIÈME	$\frac{1}{8}$
DOUBLE-CROCHE	𝅘𝅥𝅯	LE SEIZIÈME	$\frac{1}{16}$
TRIPLE-CROCHE	𝅘𝅥𝅰	LE TRENTE-DEUXIÈME	$\frac{1}{32}$
QUADRUPLE-CROCHE	𝅘𝅥𝅱	LE SOIXANTE-QUATRIÈME	$\frac{1}{64}$

QUESTIONS PRATIQUES

D. *Quelle est la valeur de la ronde?*

R. La ronde (o) vaut deux blanches ou 2 *demi-notes*.
ou 4 noires *(quarts)*
ou 8 croches *(huitièmes)*
ou 16 doubles-croches *(seizièmes)*
ou 32 triples-croches *(trente-deuxièmes)*
ou 64 quadruples-croches *(soixante-quatrièmes)*.

D. *Quelle est la valeur de la blanche?*

R. La blanche vaut deux noires, ou *deux quarts*.
ou 4 croches *(huitièmes)*
ou 8 doubles-croches *(seizièmes)*
ou 16 triples-croches *(trente-deuxièmes)*
ou 32 quadruples-croches *(soixante-quatrièmes)*.

D. *Quelle est la valeur de la noire?*

R. La noire vaut deux croches, ou *deux huitièmes*
ou 4 doubles-croches *(seizièmes)*
ou 8 triples-croches *(trente-deuxièmes)*
ou 16 quadruples-croches *(soixante-quatrièmes)*

D. *Quelle est la valeur de la croche?*

R. La croche vaut deux doubles-croches ou *deux seizièmes*
ou 4 triples-croches *(trente-deuxièmes)*
ou 8 quadruples-croches *(soixante-quatrièmes)*

D. *Quelle est la valeur de la double-croche?*

R. La double-croche vaut deux triples-croches, ou *deux trente-deuxièmes*

ou 4 quadruples-croches *(soixante-quatrièmes)*.

D. *Quelle est la valeur de la triple-croche?*

R. La triple-croche vaut deux quadruples-croches, ou *deux soixante-quatrièmes*

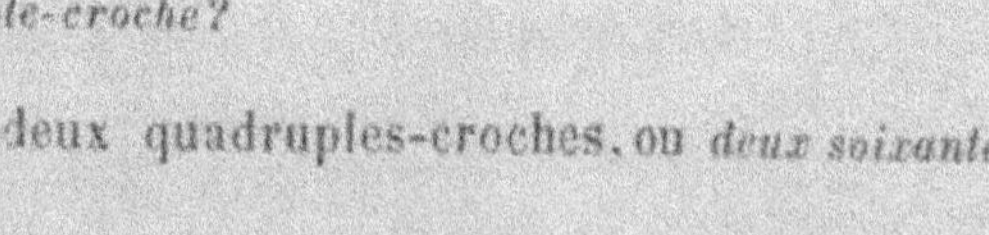

CHAPITRE III

SIGNES DE DURÉE — DES SILENCES

D. *Qu'appelle-t-on silences?*

R. On appelle silences les signes qui servent à remplacer les notes, et qui indiquent l'interruption du son, pendant un temps déterminé.

D. *Combien y a-t-il de silences?*

R. Il y a autant de silences qu'il y a de figures de notes; ils sont désignés par des SIGNES différents.

D *Quels sont les noms des signes de silence?*

R. Ces noms sont: la PAUSE (▬), la DEMI-PAUSE (▬), le SOUPIR (𝄽 ou 𝄽) le DEMI-SOUPIR, (𝄾), le QUART DE SOUPIR, (𝄿), le HUITIÈME DE SOUPIR (𝅀), et le SEIZIÈME DE SOUPIR, (𝅁).

D. *A quelles notes correspondent ces différents signes?*

R. LA PAUSE .... ▬ *(sous la ligne)* correspond à .... 𝅝 1

LA DEMI-PAUSE .... ▬ *(sur la ligne)* .... 𝅗𝅥 $\frac{1}{2}$

LE SOUPIR .... 𝄽 .... ♩ $\frac{1}{4}$

LE DEMI-SOUPIR .... 𝄾 .... ♪ $\frac{1}{8}$

LE QUART DE SOUPIR .... 𝄿 .... 𝅘𝅥𝅯 $\frac{1}{16}$

LE HUITIÈME DE SOUPIR.. 𝅀 .... 𝅘𝅥𝅰 $\frac{1}{32}$

LE SEIZIÈME DE SOUPIR ... 𝅁 .... 𝅘𝅥𝅱 $\frac{1}{64}$

CHAPITRE IV

SIGNES DE DURÉE — POINT D'AUGMENTATION — LIAISON[1]

D. *Qu'est-ce que le point d'augmentation?*

R. Le point d'augmentation est un signe (.) qui se place à la suite d'une note et qui en augmente de moitié la valeur.

D. *Quelle est la valeur de la ronde pointée?*

R. Une ronde pointée vaut une ronde et demie

D. *Quelle est la valeur de la blanche pointée?*

R. Une blanche pointée vaut une blanche et demie

D. *Que vaut une noire pointée?*

R. Une noire pointée vaut une noire et demie

D. *Le point d'augmentation se place-t-il aussi après les silences?*

R. Le point d'augmentation se place aussi après les silences; on l'emploie aussi après la pause et la demi-pause. Son effet est le même qu'après les notes.

D. *Peut-on mettre plus d'un point après les notes?*

R. On peut mettre deux, même trois points après les notes, le deuxième point vaut la moitié du premier, et s'il y en a trois, le dernier vaut la moitié du deuxième.

deux points après une note

trois points après une note

D. *Qu'est-ce que la liaison?*

R. On entend par liaison, un signe ⁀ ou ‿ que l'on place au-dessus ou au-dessous de deux notes dont la seconde n'est qu'une prolongation de la première.

EXEMPLE.

D. *Quand est-ce qu'on emploie la liaison?*

R. On emploie la liaison, lorsque le point n'a pas la durée voulue pour représenter la prolongation à exprimer

[1] *Voir à la page 30 le véritable emploi de la liaison.*

CHAPITRE V

DE LA MESURE. MESURES LES PLUS USITÉES DANS LA MUSIQUE MODERNE. TEMPS FORTS ET TEMPS FAIBLES

D. *Qu'est-ce que la mesure?* [1]

R. La Mesure est la division d'un morceau de musique en un certain nombre de groupes égaux de deux, trois ou quatre unités de temps.

D. *Comment forme-t-on les mesures?*

R. On forme les mesures au moyen de lignes verticales placées en travers de la portée.

D. *Comment appelle-t-on ces lignes qui séparent la portée?*

R. Ces lignes sont appelées BARRES DE MESURES.

EXEMPLE.

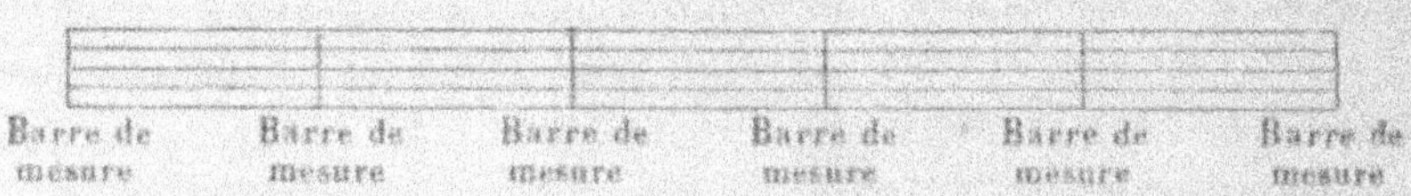

D. *Comment appelle-t-on les espaces que séparent deux barres?*

R. Ces espaces, destinés à recevoir les notes, s'appellent MESURES.

EXEMPLE.

MESURE | MESURE | MESURE | MESURE | MESURE

D. *Comment distingue-t-on les diverses espèces de mesures?*

R. On les distingue d'après le nombre d'unités de temps ou le nombre de temps qu'elles renferment.

D. *Combien y a-t-il de mesures?*

R. Il y a trois espèces de mesures, savoir: la mesure à QUATRE TEMPS, la mesure à TROIS TEMPS et la mesure à DEUX TEMPS.

D. *Quels sont les signes par lesquels on connaît les trois mesures?*

R. Les signes par lesquels on connaît les trois mesures, sont: $\frac{4}{4}$ ou simplement par un C pour marquer la mesure à quatre temps, $\frac{3}{4}$ pour la mesure à trois temps, et $\frac{2}{4}$ pour la mesure à deux temps.

EXEMPLE.

[1] *En d'autres termes: la partie de la musique qui règle les sons.*

D. *Quelle est la signification des chiffres dont on se sert pour indiquer les trois espèces de mesures?*

R. Le chiffre inférieur indique en combien de parties la durée correspondante à la Ronde est censée partagée, et le chiffre supérieur indique combien l'on prend de ces parties.

D. *Quelles sont les mesures qui sont encore usitées dans la musique moderne?*

R. Ce sont: *La Mesure* $\frac{3}{8}$ qui est un $\frac{3}{4}$ réduit de moitié
La Mesure $\frac{6}{8}$ qui dérive de la mesure à $\frac{2}{4}$
La Mesure $\frac{12}{8}$ qui dérive de la mesure à $\frac{4}{4}$

une croche pour chaque temps.

une noire pointée ou trois croches pour chaque temps.

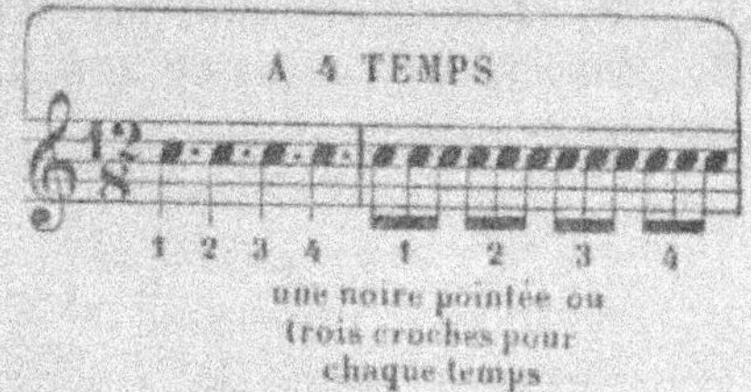

une noire pointée ou trois croches pour chaque temps

(Nous laissons à l'intelligence du professeur le soin d'expliquer à ses élèves certaines mesures anciennes qui ne sont que très-rarement en usage dans la musique moderne.)

D. *Combien y a-t-il de sortes de temps?*

R. Il y a deux sortes de temps, les Temps forts et les Temps faibles.

D. *Qu'appelle-t-on Temps forts?*

R. On appelle TEMPS FORT, le premier temps de chaque mesure.

D. *Quels sont les temps forts et les temps faibles dans les trois espèces de mesures?*

R. Dans la mesure à DEUX TEMPS, le premier est FORT et le second FAIBLE; dans la mesure à TROIS TEMPS, le premier est FORT et les deux autres FAIBLES, et dans la mesure à QUATRE TEMPS, que l'on peut considérer comme une mesure double à deux temps, le premier est FORT; le second FAIBLE: le troisième FORT, et le quatrième FAIBLE.

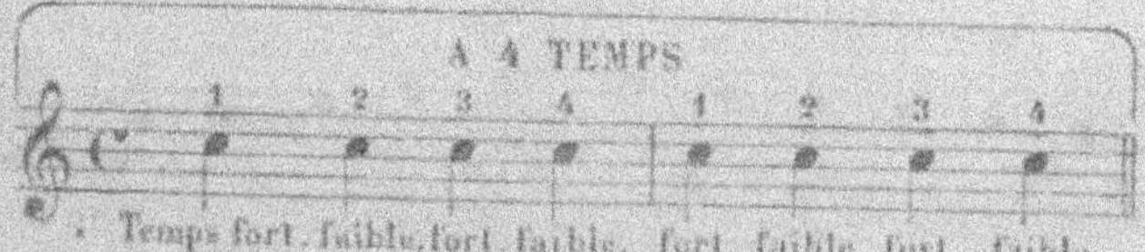

CHAPITRE VI

Ton — Demi-ton — Degrés de la gamme
Gamme diatonique — Notes diatoniques

D. *Qu'est-ce que l'on entend par* TON?

R. On entend par TON, la distance la plus grande qui sépare deux notes consécutives.

EXEMPLE

DO_RÉ	RÉ_MI	FA_SOL	SOL_LA	LA_SI
TON	TON	TON	TON	TON

D. *Qu'est-ce qu'on entend par* DEMI-TON?

R. On entend par DEMI-TON, la distance moitié moins grande que celle du ton.

EXEMPLE.

D. *Qu'appelle-t-on degrés de la gamme?*

R. On appelle degrés de la gamme, la place qu'occupe chacune des notes dans la série des sept sons, auxquels on ajoute l'OCTAVE (HUITIÈME).

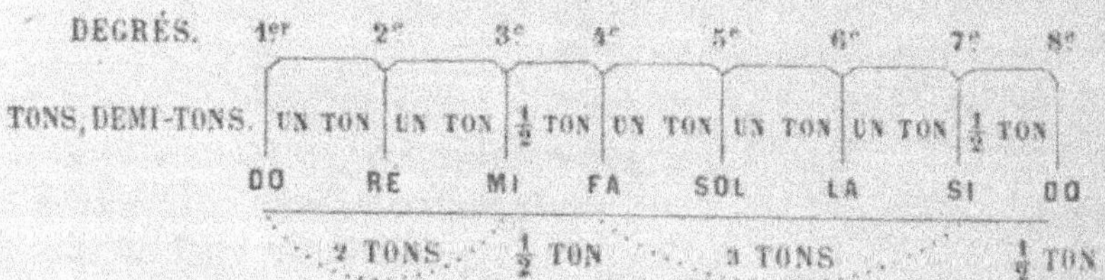

D. *Que signifie le mot* DIATONIQUE?

R. Ce mot tiré du grec *dia*,(par) *tonos*,(ton) signifie *par tons*.

D. *Qu'est-ce que la* GAMME DIATONIQUE?

R. La gamme diatonique est la succession de cinq tons et de deux demi-tons, ou une série de huit notes se succédant dans l'ordre naturel suivant: DO, RÉ, MI, FA, SOL, LA, SI, DO

EXEMPLE

Gamme diatonique *ASCENDANTE*. Gamme diatonique *DESCENDANTE*.

CHAPITRE VII

SIGNES D'ALTÉRATION. — LE DIÈSE (♯) LE BÉMOL (♭) LE BÉCARRE (♮)
EMPLOI DE CES SIGNES D'ALTÉRATION

D. *Qu'est-ce que l'on entend par* ALTÉRATION?

R. On entend par ALTÉRATION la modification que l'on peut faire subir à un son naturel de la gamme.

D. *Comment s'opère cette modification?*

R. Cette modification s'opère au moyen de signes qui haussent ou qui baissent un son naturel quelconque de la gamme.

D. *Quels sont ces signes? indiquez leur effet.*

R. Ces signes sont:

1° LE DIÈSE (♯) qui a la propriété de hausser la note d'un $\frac{1}{2}$ ton.

2° LE BÉMOL (♭) qui a la propriété de baisser la note d'un $\frac{1}{2}$ ton.

3° LE BÉCARRE (♮) qui a la propriété de remettre à son état naturel la note qui a été haussée ou baissée précédemment.

4° LE DOUBLE-DIÈSE (x) qui a la propriété d'élever de deux demi-tons la note qu'il précède.

5° LE DOUBLE-BÉMOL (♭♭) qui a la propriété de baisser de deux demi-tons la note qu'il précède.

EXEMPLE.

J. *Que remarque-t-on dans la nomenclature des sons ainsi employés?*

R. On y remarque quatorze NOMS différents, c'est-à-dire SEPT NOTES HAUSSÉES et SEPT NOTES NATURELLES, représentant douze SONS différents dans la gamme ascendante; SEPT NOTES BÉMOLISÉES et SEPT NOTES NATURELLES dans la gamme descendante.

D. *De combien de manières peut-on faire figurer une note quelconque?*

R. De cinq manières, savoir: DANS SON ÉTAT NATUREL, DIÉZÉE, DOUBLEMENT DIÉZÉE, BÉMOLISÉE, DOUBLEMENT BÉMOLISÉE.

EXEMPLE.

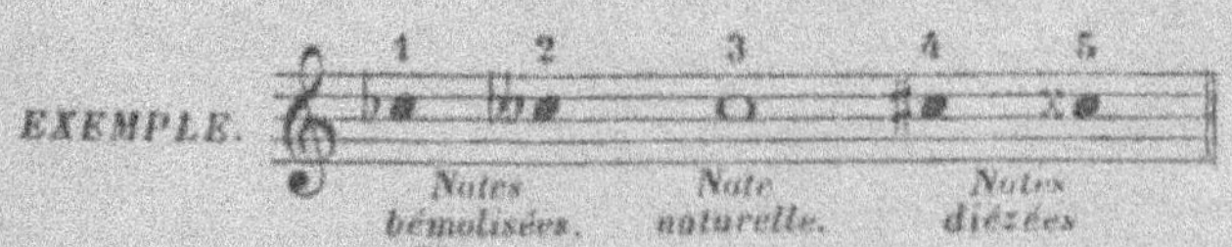

D. *Les quatorze notes de chacune de ces gammes représentent-elles quatorze sons différents?*

R. Elles n'en représentent, en réalité, que douze, parce que le Mi ♯ n'est autre chose que le Fa naturel; et que le Si ♯ n'est autre chose que le Do naturel; et que, de même, le Do ♭ équivaut à Si naturel et le Fa ♭ équivaut à Mi naturel.[1]

D. *Comment nomme-t-on les sons qui ne diffèrent que par le nom, mais qui en réalité sont les mêmes?*

R. On les nomme SONS ENHARMONIQUES.

EXEMPLE:

Mêmes touches — (SI et DO ♭, | MI et FA ♭,) ¦ Mêmes touches — (MI ♯ et FA, | SI ♯ et DO,)

D. *Qu'est-ce que la gamme chromatique?*

R. La gamme chromatique, formée de treize sons, est une succession de DOUZE DEMI-TONS.

EXEMPLE:

D. *Que remarque-t-on dans les gammes chromatiques par ♯ et par ♭?*

R. On remarque: 1° que les SEPT NOTES NATURELLES sont communes aux deux gammes, et que les notes altérées par les ♯ et les ♭ ont changé de nom et de position; 2° que chacun des CINQ TONS au moyen du ♯ et du ♭, se trouve partagé en deux demi-tons, dont l'un prend le nom de demi-ton DIATONIQUE (DO ♯, RÉ) et l'autre, celui de demi-ton CHROMATIQUE (DO, DO ♯).

EXEMPLE:

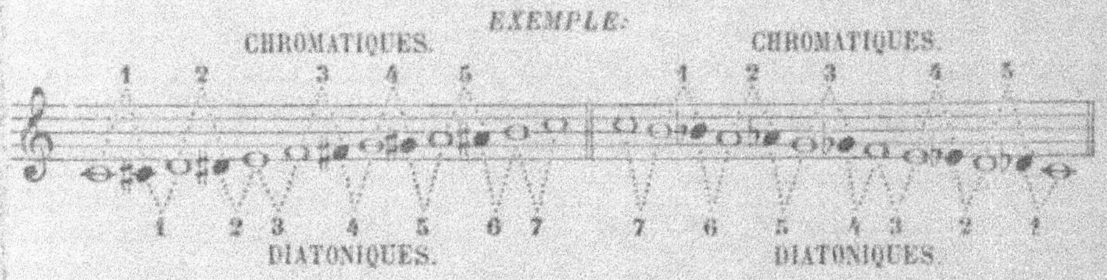

[1] *Nous faisons ici allusion à la touche du Piano.*

CHAPITRE VIII

INTERVALLES — MODES

Gamme majeure — Gamme mineure

D. *Qu'est-ce qu'un intervalle?*

R. Un intervalle est la distance d'un ton à un autre.

D. *Quels sont les noms des intervalles?*

R. Les noms des intervalles sont: SECONDE, TIERCE, QUARTE, QUINTE, SIXTE, SEPTIÈME, OCTAVE

D. *Comment divise-t-on les intervalles?*

R. On divise les intervalles en deux séries, savoir: en intervalles SIMPLES et en intervalles REDOUBLÉS.

D. *Qu'est-ce qu'on entend par intervalles simples?*

R. On entend par intervalles simples, les intervalles qui sont renfermés dans les limites de l'octave.

D. *Qu'est-ce qu'on entend par intervalles redoublés?*

R. On entend par intervalles redoublés, les intervalles qui dépassent les limites de l'octave

EXEMPLE.

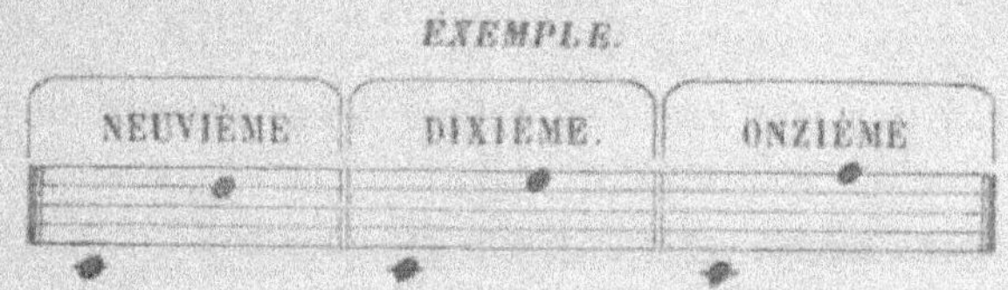

D. *Qu'est-ce qu'on entend par* MODE?

R. On entend par MODE, la disposition des sons dans la gamme.

D *Combien y a-t-il de modes?*

R Il y a deux sortes de modes, savoir: le mode MAJEUR et le mode MINEUR.

D. *Quelle est la disposition des sons dans la gamme du mode majeur?*

R La disposition des sons dans la gamme du mode majeur est une succession fixe et invariable de deux secondes MAJEURES, une seconde MINEURE, trois secondes MAJEURES et une seconde MINEURE.

D. *Entre quels degrés les demi-tons sont-ils placés dans la gamme majeure?*

R. Les demi-tons sont toujours placés du 3e au 4e degré et du 7e au 8e

D. *Combien peut-on former de gammes majeures?*

R. On peut en former autant qu'il y a de sons dans la gamme chromatique, c'est-à-dire sur les sept degrés naturels, *UT, RÉ, MI, FA, SOL, LA, SI;* sur les cinq degrés diésés *UT ♯, RÉ ♯, FA ♯, SOL ♯, LA ♯*, ou leurs enharmoniques *RÉ ♭, MI ♭, SOL ♭, LA ♭, SI ♭.*

D. *Quelle est la* GAMME-MODÈLE *du mode majeur?*

R. La GAMME-MODÈLE du mode majeur est la gamme d'UT; toutes les autres gammes se mesurent, se règlent sur elle.

D. *En combien de séries peut-on diviser les gammes?*

R. On peut diviser les gammes en deux séries, savoir: les GAMMES PAR DIÈSES et les GAMMES PAR BÉMOLS.

TABLEAU GÉNÉRAL DES GAMMES PAR DIÈSES

(Gamme modèle)

	DO	*RÉ*	*MI* ½	*FA*	*SOL*	*LA*	*SI* ½	*DO*	(Sans Dièzes)
DOMINANTES.	Sol	La	Si	Do	Ré	Mi	Fa♯	Sol	Fa♯
	Ré	Mi	Fa♯	Sol	La	Si	Do♯	Ré	Fa♯ Do♯
	La	Si	Do♯	Ré	Mi	Fa♯	Sol♯	La	Fa♯ Do♯ Sol♯
	Mi	Fa♯	Sol♯	La	Si	Do♯	Ré♯	Mi	Fa♯ Do♯ Sol♯ Ré♯
	Si	Do♯	Ré♯	Mi	Fa♯	Sol♯	La♯	Si	Fa♯ Do♯ Sol♯ Ré♯ La♯
	Fa♯	Sol♯	La♯	Si	Do♯	Ré♯	Mi♯	Fa♯	Fa♯ Do♯ Sol♯ Ré♯ La♯ Mi♯
	Do♯	Ré♯	Mi♯	Fa♯	Sol♯	La♯	Si♯	Do♯	Fa♯ Do♯ Sol♯ Ré♯ La♯ Mi♯ Si♯

TABLEAU GÉNÉRAL DES GAMMES PAR BÉMOLS

(Gamme modèle)

	DO	*RÉ*	*MI* ½	*FA*	*SOL*	*LA*	*SI* ½	*DO*	(Sans Bémols)
DOMINANTES.	Fa	Sol	La	Si♭	Do	Ré	Mi	Fa	Si♭
	Si♭	Do	Ré	Mi♭	Fa	Sol	La	Si♭	Si♭ Mi♭
	Mi♭	Fa	So	La♭	Si♭	Do	Ré	Mi♭	Si♭ Mi♭ La♭
	La♭	Si♭	Do	Ré♭	Mi♭	Fa	Sol	La♭	Si♭ Mi♭ La♭ Ré♭
	Ré♭	Mi♭	Fa	Sol♭	La♭	Si♭	Do	Ré♭	Si♭ Mi♭ La♭ Ré♭ Sol♭
	Sol♭	La♭	Si♭	Do♭	Ré♭	Mi♭	Fa	Sol♭	Si♭ Mi♭ La♭ Ré♭ Sol♭ Do♭
	Do♭	Ré♭	Mi♭	Fa♭	Sol♭	La♭	Si♭	Do♭	Si♭ Mi♭ La♭ Ré♭ Sol♭ Do♭ Fa♭

D. *Quelle est la disposition des sons dans la gamme du mode mineur?*

R. La disposition des sons dans la gamme du mode mineur s'établit de deux manières, savoir: deux demi-tons et, plus souvent, trois demi-tons.

EXEMPLE:

D. *Quelle est la GAMME-MODÈLE du mode mineur?*

R. La *GAMME-MODÈLE* du mode mineur est la gamme de LA mineur; toutes les gammes mineures se mesurent sur elle.

D. *Qu'est-ce que les tons relatifs?*

R. On appelle tons relatifs, deux tons de modes différents, ayant une commune armure à la clef.

ARMURE DES PRINCIPAUX TONS

PAR DIÈSES ET PAR BÉMOLS.

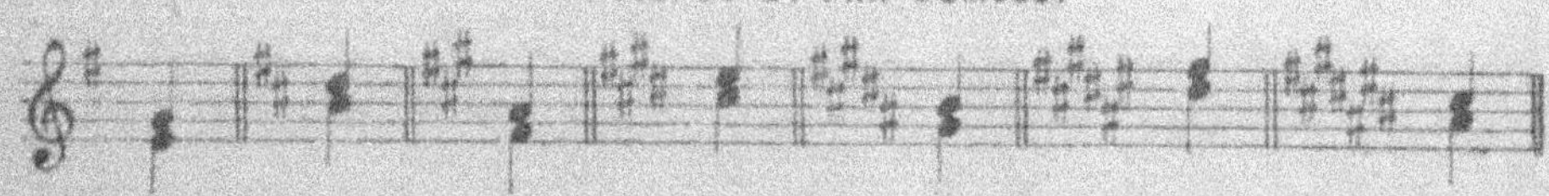

La Tonique de la gamme mineure est toujours une tierce au dessous de la tonique de la gamme majeure relative.

—FIN DU QUESTIONNAIRE.—

TROISIÈME PARTIE

MORCEAUX DE CHANT

LA GAMME

LA CROIX D'HONNEUR

Paroles de ***

un thème de MOZART.

2

Je veux faire un grand effort
Et devenir le plus fort,
Je veux vaincre dans la lice,
Notre vaillante milice
Afin d'avoir sur mon cœur
La brillante croix d'honneur.

3

D'un esprit ambitieux
Ne sont-ce pas là les vœux?
Plutôt, auguste sagesse,
Embellis notre jeunesse.
Si Dieu me donne un bon cœur
Ce sera ma croix d'honneur.

BONHEUR D'AIMER DIEU [1]

Mélodie.

Paroles de RACINE

BLANCHE, NOIRE.

L'ANGE GARDIEN [2]

Mélodie.

Paroles de Mme TASTU

BLANCHE, NOIRE, SOUPIR, POINT.

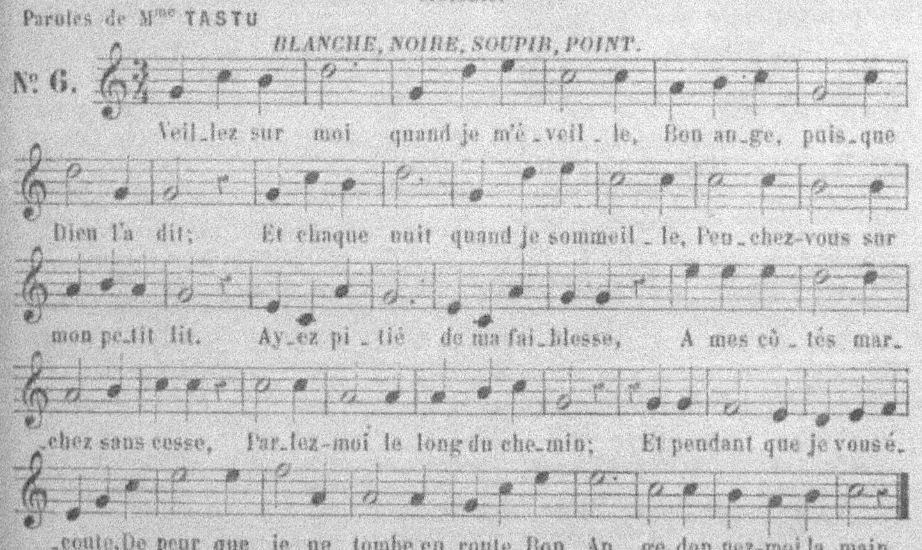

(1) *Exécution franche, vive et accentuée, faites prononcer distinctement les paroles.*
(2) *Faites chanter cette mélodie à demi-voix.*

Paroles de RACINE.
RONDE, BLANCHE, POINTÉE, DEMI-PAUSE, SOUPIR.
Nº 7.
L'Éter_nel est son nom, le monde est son ou_vra_ge.
Nº 8.
Heu_reux, heu_reux, heu_reux mil_le fois, L'en_
_fant que le Sei_gneur rend do_cile à sa voix.
Nº 9.
Que ma bouche et mon cœur et tout ce que je suis Ren_
_dent hom_mage au Dieu qui m'a don_né la vi_e; Dans les
craintes, dans les en_nuis, En ses bon_tés mon â_me se con_fi_e.
MA CLOCHETTE
Paroles de ***
MOZART
Allegro.
Nº 10.
1er Ct Tinte, ma clo_chet_te, Tin_te, fais grand bruit, J'ai_me ma cou_
2e Ct Tinte, ma clo_chet_te Une é_toi_le luit Ma dou_ce cou_
3e Ct Tinte, ma clo_chet_te Mais fais moins de bruit Bon_soir, ma cou_
_chet_te, An_non_ce la nuit. pp Tin_te, tin_te, tin_te, Tin_te ma clo_
_chet_te M'appelle à la nuit. Tin_te, tin_te, tin_te, Tin_te ma clo_
_chet_te Me ber_ce la nuit Tin_te, tin_te, tin_te, Tin_te ma clo_
_chet_te pp Tinte, tinte, tin_te, Tin_te, fais grand bruit, J'ai_me ma cou_
_chet_te Tinte, tinte, tin_te, Une é_toi_le luit, Ma dou_ce cou_
_chet_te Tinte, tinte, tin_te, Mais fais moins de bruit, Bon_soir, ma cou_
_chet_te An_nonce la nuit, J'ai_me ma cou_chet_te An_nonce la nuit.
_chet_te M'appelle à la nuit. Ma dou_ce cou_chet_te M'appelle à la nuit.
_chet_te Me ber_ce la nuit Bon_soir, ma cou_chet_te Me berce la nuit.

LE DEMI-TON DIATONIQUE ET LE DEMI-TON CHROMATIQUE.

LES QUATRE PARTIES DU JOUR

Paroles de Mme TASTU. Musique de ***

LE MATIN.

Moderato.

N° 11.

LE MA _ TIN au so _ leil a ren _ du son em _

_pi _ re, Tout s'é _ veille et tout rit à sa fraî _

_che clar _ té: Quand, a _ vec la lu _ mière, il ré _

_pand la beau _ té, C'est Dieu que je crois voir

sou _ ri _ re Dans sa grâce et dans sa bon _ té.

MIDI.

Allegro moderato.

N° 12.

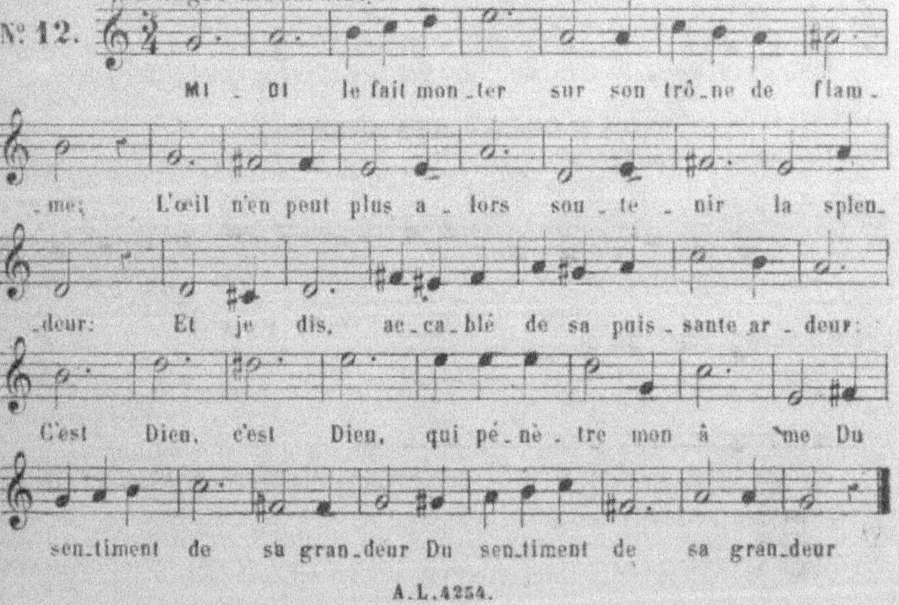

MI _ DI le fait mon _ ter sur son trô _ ne de flam _

_me; L'œil n'en peut plus a _ lors sou _ te _ nir la splen _

_deur: Et je dis, ac _ ca _ blé de sa puis _ sante ar _ deur:

C'est Dieu, c'est Dieu, qui pé _ nè _ tre mon â _ me Du

sen _ timent de sa gran _ deur Du sen _ timent de sa gran _ deur

LE SOIR

Allegro.

Nº 13.

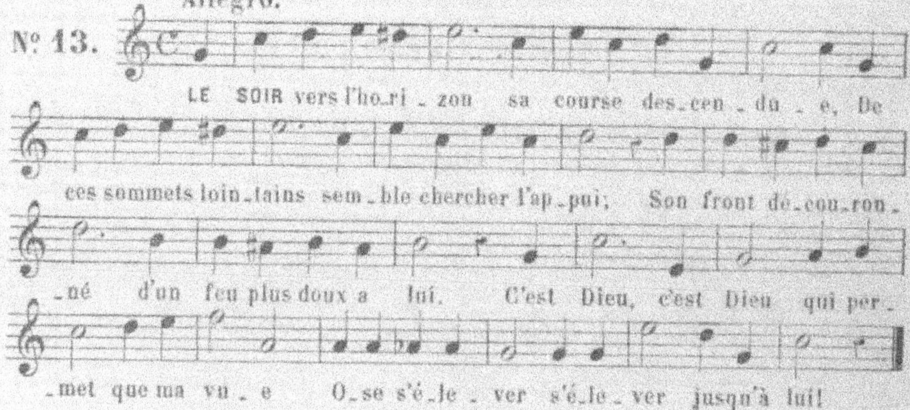

LE SOIR vers l'ho_ri _ zon sa course des_cen _ du _ e, De
ces sommets loin_tains sem_ble chercher l'ap_pui; Son front dé_cou_ron_
né d'un feu plus doux a lui. C'est Dieu, c'est Dieu qui per
_met que ma vu _ e O_se s'é_le _ ver s'é_le_ver jusqu'à lui!

LA NUIT

Andante.

Nº 14.

LA NUIT d'un crê_pe noir en _ ve_lop_pe la ter _ re, Son
souffle éteint du jour le ra_di_eux flam_beau; Quand le mon_de mu_
_et semble un vas_te tom _ beau, C'est Dieu, c'est Dieu qui
parle en ce mys _ tè _ re Et me pro _ met un jour plus beau.

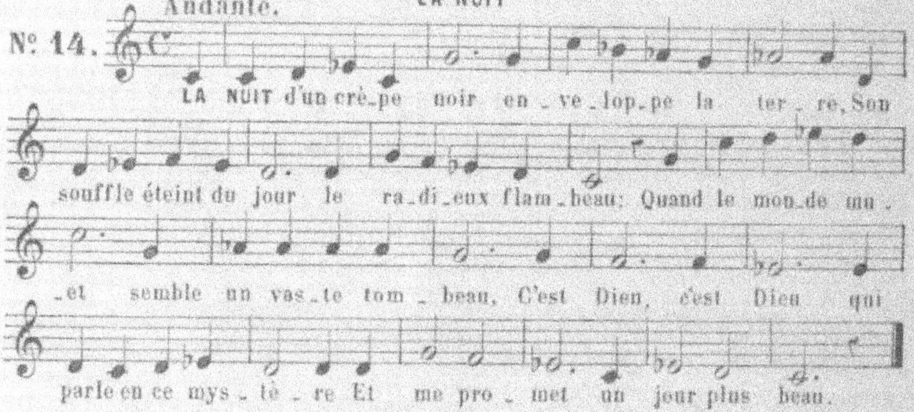

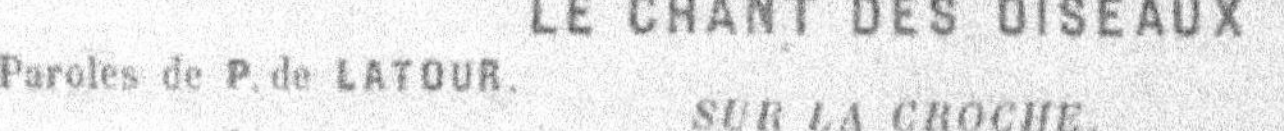

LE CHANT DES OISEAUX

Paroles de P. de LATOUR.

SUR LA CROCHE.

Nº 15.

Que chantez-vous, pe _ tits oi_seaux? Je vous re_garde et vous é_
_coute, C'est Dieu qui vous a faits si beaux Vous le chantez sans dou_te.
Vos airs si ten_dres et si doux Lui rendent tous les jours hom_ma _ ge.
Je le bé_nis, moi, moins que vous Et lui dois da_van _ ta _ ge.

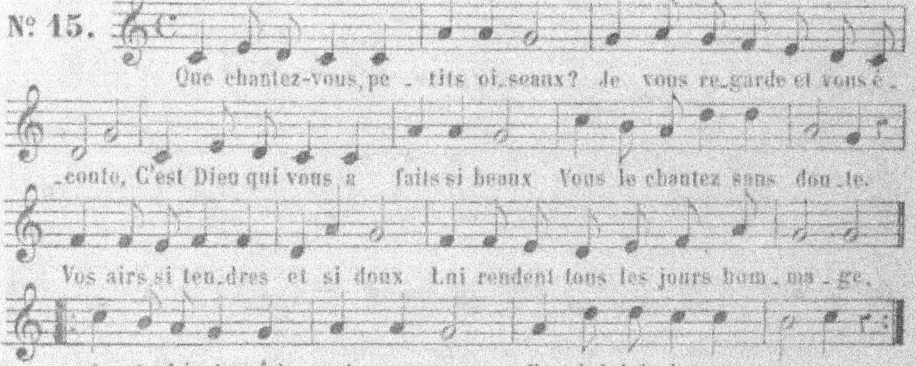

LE PARADIS

Paroles de ***

SUR LA CROCHE.

2

Là sont mille choses si belles
Qu'on ne saurait les concevoir;
Mais s'il meurt des enfants fidèles,
Le Bon Dieu leur donne des ailes
Pour qu'ils puissent les aller voir. *(bis)*

3

La Vierge Marie est leur mère,
Elle leur dit: mes bien-aimés!
Lorsque vous étiez sur la terre,
Sur vous, pendant votre prière,
Je reposais mes yeux charmés. *(bis)*

O DOUCE PAIX

Paroles de RACINE.

NOIRE POINTÉE.

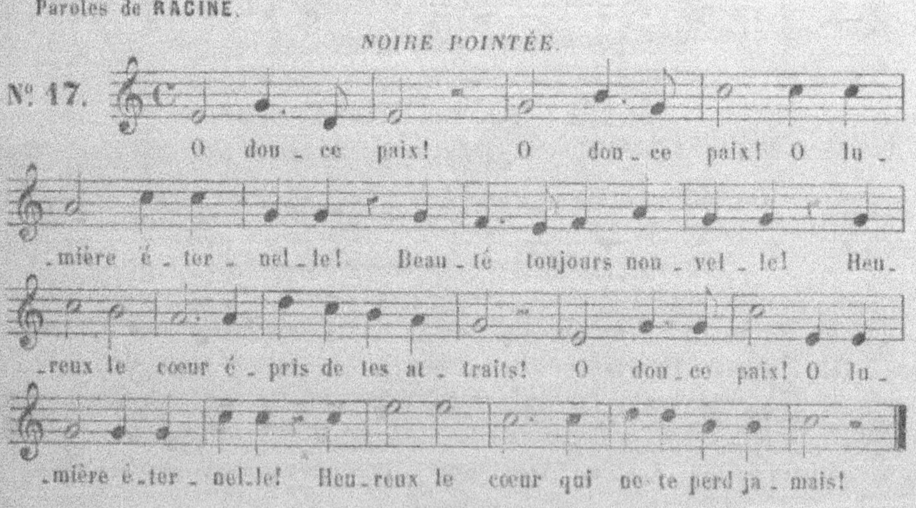

CONFIANCE EN DIEU

Paroles de RACINE.

NOIRE POINTÉE.

foi qu'on lui ju_re tou_jours, Le sou_ve_nir des
plaisirs de l'en_fan_ce Vous souri_ra jus_qu'à vos derniers jours.

LE PARFUM DE LA JEUNESSE

Paroles de *** Musique de Mr l'Abbé LEROY.

2

Il est parmi nous peut-être
Des enfants ambitieux,
Dont la joie est de paraître
Hommes avant d'être vieux.
Sous leur front sans transparence
Quel fruit pourra donc mûrir?
Qui rougit de son enfance } (bis)
Est indigne de vieillir }

3

Des beaux jours que Dieu nous donne,
Amis, profitons chacun,
Loin d'effeuiller la couronne
Aspirons-en le parfum.
Sourions à la jeunesse,
Astre divin, pur trésor;
Et prions Dieu qu'il nous laisse } (bis)
Jeunes bien longtemps encor! }

LES JEUNES ÉCOLIERS

Paroles de ***

Musique de ***

2

Amis, du courage,
A notre devoir;
Et le frais bocage
Reverra ce soir
Sur l'humble fougère
Et dans les halliers
La course légère
Des bons écoliers.

3

Et la bergerette,
Près de ses moutons,
De la chansonnette
Que nous répétons
Redira sans cesse
Le refrain joyeux,
Et la folle ivresse
De nos simples jeux

SYMBOLES DE L'INNOCENCE

Paroles de M.r l'Abbé LALANNE

Musique de ***

2

Petits moutons, qui paissez dans la plaine,
Vous vous aimez et vous êtes contents;
Paissez, paissez, sans désir et sans peine:
Petits moutons, vous êtes innocents. *(bis)*

3

Petits bergers, enfants de la nature,
Dès le matin, l'écho redit vos chants;
Gardez, gardez votre âme toujours pure
Petits bergers, vous êtes innocents. *(bis)*

LA NATURE

Paroles de ***

NOEGELI.

2

Au fond du frais bocage,
L'oiseau par son ramage
Redit aux échos d'alentour
Du printemps le retour.
De la nature etc.

3

Les ruisseaux des montagnes
Fécondent les campagnes
Et portent dans les champs en fleur
La vie et la fraîcheur
De la nature etc.

4

Salut! saison charmante,
Ton réveil nous enchante
Et ramène au milieu de nous
Les plaisirs les plus doux.
De la nature etc.

L'HIRONDELLE

Tyrolienne.

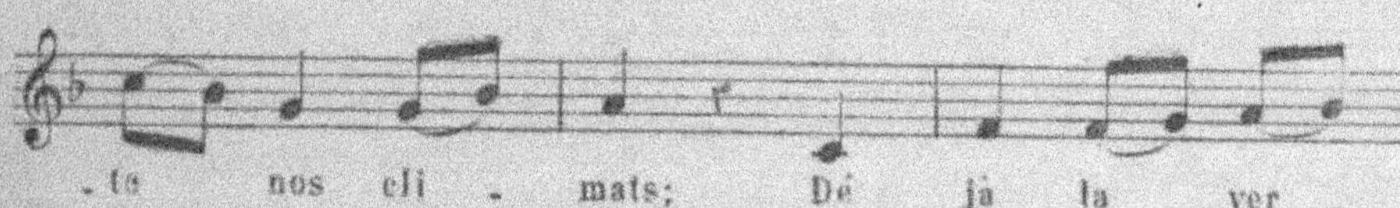

2

La voûte divine
N'a plus de pâleurs,
Et sur la colline
Paraissent les fleurs;
Le ruisseau timide
Dans un frais lointain
S'écoule limpide,
Comme un beau matin.

3

Sache reconnaître
Ton paisible abri;
Près de ma fenêtre,
Au rameau fleuri,
Je te vois t'ébattre,
Tu veux te poser....
Près de moi, folâtre,
Viens te reposer.

UN BEAU JOUR

Paroles de ***

Musique connue

2

Lorsque le berger et le moissonneur
Unissent leurs voix, pleins de bonheur,
Et célèbrent Dieu qui de leurs travaux
Bénit le fruit par des dons nouveaux,
Joyeux etc.

3

Et lorsque le soir d'un dernier rayon
Dore la montagne à l'horizon,
Quand au bord des monts descend le soleil
Et que tout invite au doux sommeil,
Joyeux etc.

MON VILLAGE

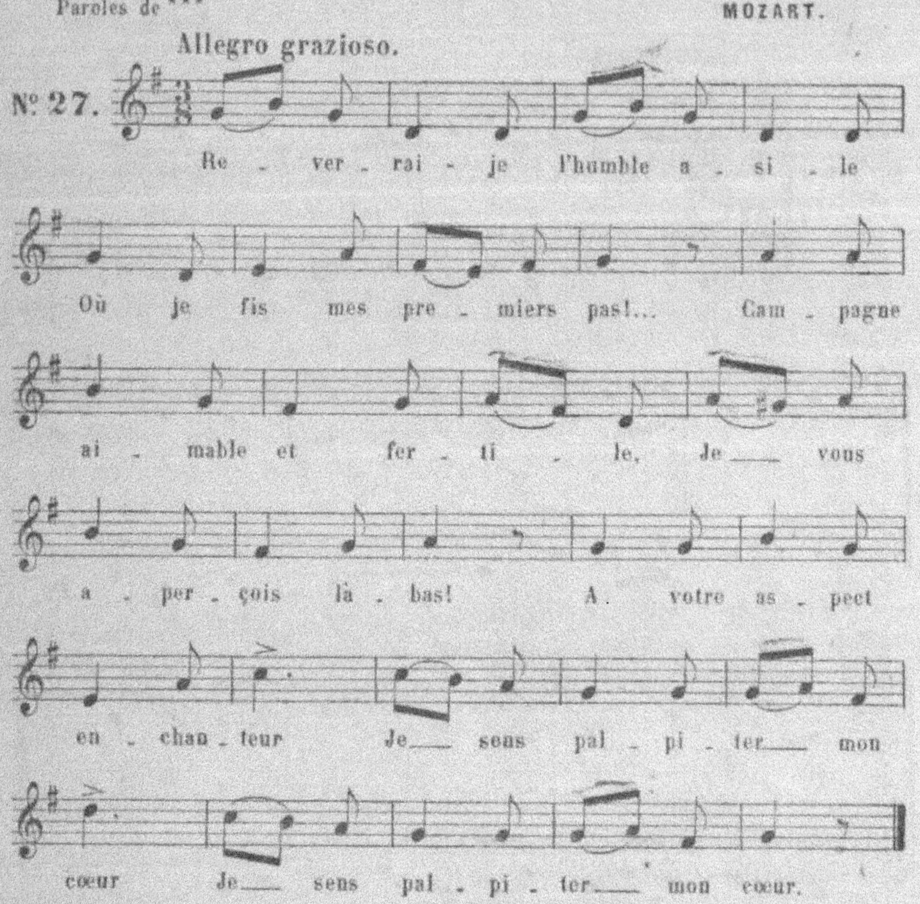

2

Ma mère était sous l'ombrage,
Et j'étais sur ses genoux,
Jamais, jamais un nuage
Ne venait fondre sur nous,
Car sa pieuse oraison
Protégeait notre horizon *(bis)*

3

Aujourd'hui près de l'église
Sur un tertre orné de fleurs
Que fait onduler la brise,
J'irai répandre des pleurs,
En bénissant ce saint lieu,
Car ma mère est là, mon Dieu! *(bis)*

SUR LA MONTAGNE

Paroles de ***

Musique de ***

N° 28

2

Rien ne gêne
Mon haleine,
Je respire à pleins poumons.
Ah! la vie
Que j'envie
N'existe que sur les monts.

3

Qu'on s'agite
Qu'on palpite
Là-bas pour de vains honneurs!
Je préfère
La lumière
Et l'air pur de ces hauteurs.

PRIÈRE

Musique de ***
Andante.
Nº 29.
En _ tends nos voix du haut___ des
cieux, Quand nous t'of _ frons no _ tre pri _ e _
_ re; Dieu de bon _ te___ re _ çois nos
voeux Et, pour nous ren _ dre ver _ tu _ eux, Fais des _
_ cendre en nous ta lu _ miè _ re Et, pour nous ren _ dre ver _ tu _
_ eux, Fais des _ cendre en nous___ ta lu _
Rall.
_ miè _ re ta lu _ miè _ _ re.

LE HANNETON

Allegro.
Musique de ***
1er COUPLET
No. 30.
Han_neton, qui sur tes ai_les Nous a_mènes le prin_temps,
C'est toi qui sais des nou_vel_les Du muguet et du beau temps.
FIN.
Dis-nous si les prés De fleurs sont parés Dis-nous si les bois Ont repris leurs voix.
Dis si les oiseaux Ont des chants nouveaux; Si le ros_signol Dit: ré, mi, fa, sol!
2e COUPLET.
Viens, appor_te dans la vil_le Tes jo_yeux bourdonne_ments
Pauvre étour_di, sois tran_quil_le Va, ne crains rien des en_fants:

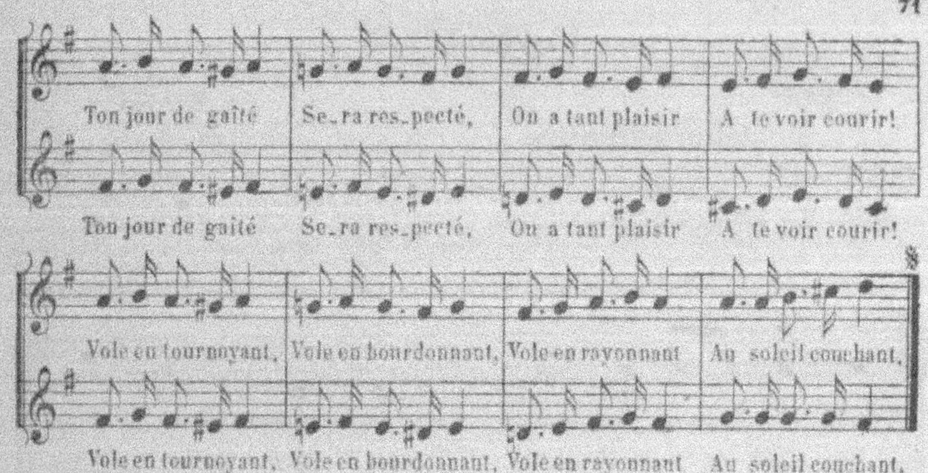

INNOCENCE

Paroles de *** GEISSLER.

2

Sans toi cette vie
Perd tous ses attraits;
Celui qui t'oublie
Est flétri pour jamais.
Ah! puissé-je toujours
Te consacrer mes jours. *(bis)*

3

Qu'en moi rien n'altère
Ton éclat brillant;
Sois-moi toujours chère
Jusqu'au dernier moment;
Du paradis, enfin,
Apprends-moi le chemin. *(bis)*

LE PRINTEMPS

Paroles de ***

MOZART

2

Venez, chère hirondelle,
Le firmament est bleu,
Votre nid vous appelle
Dans ce champêtre lieu,
Longue fut votre course
Mais loin sont les autans;
Venez boire à la source,
Et chantez le printemps,

3

Enfants de ce village,
Pour fêter son retour
Sautez sous le feuillage,
De nos bois d'alentour,
Cherchez la violette
A l'ombre du gazon,
Et sur la paquerette,
Prenez le papillon.

PARTONS, JOYEUX ÉCOLIERS

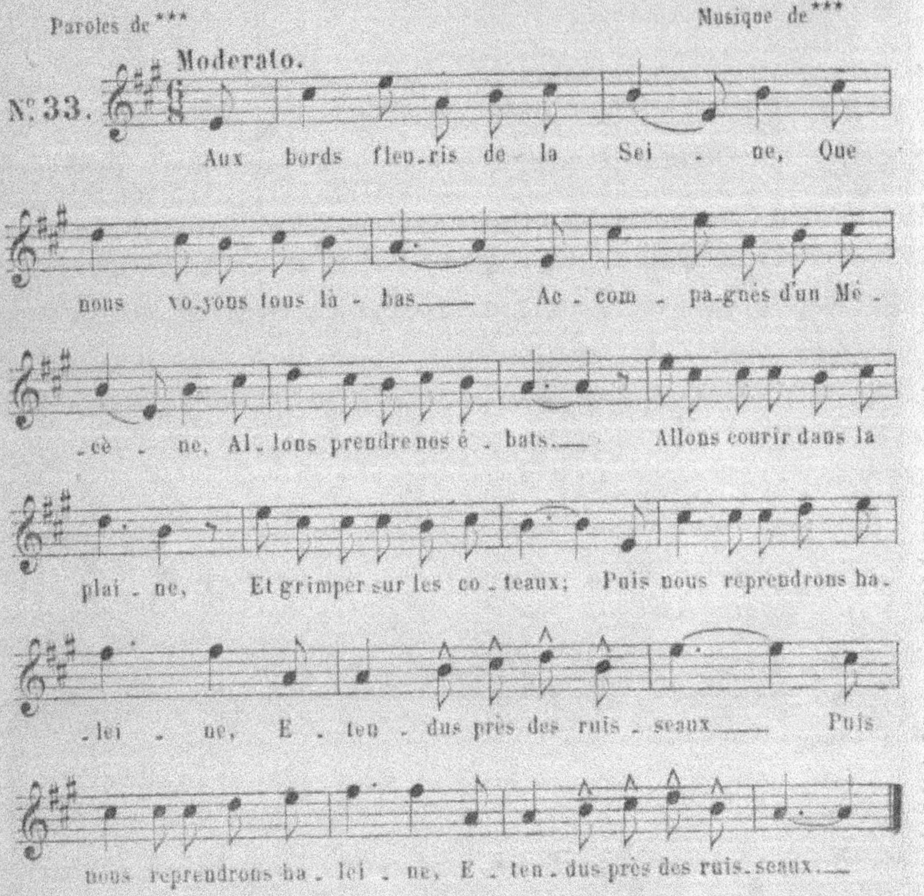

2

Tout près, la génisse blanche
Bondira sous les ormeaux
Sur le saule qui se penche
Voleront les ramereaux
Et nous entendrons la source
Dont le murmure est si doux
Que le zéphir dans sa course } *bis*
Devrait en être jaloux }

3

Et nous reverrons encore
Les jolis oiseaux des champs;
Et les échos dès l'aurore
Répètent leurs mille chants,
Heureux dans notre campagne,
Nous serons deux mois entiers,
Le plaisir nous accompagne } *bis*
Partons joyeux écoliers. }

FRANCE MA PATRIE

Paroles de Mr l'Abbé LALANNE. Musique de ***

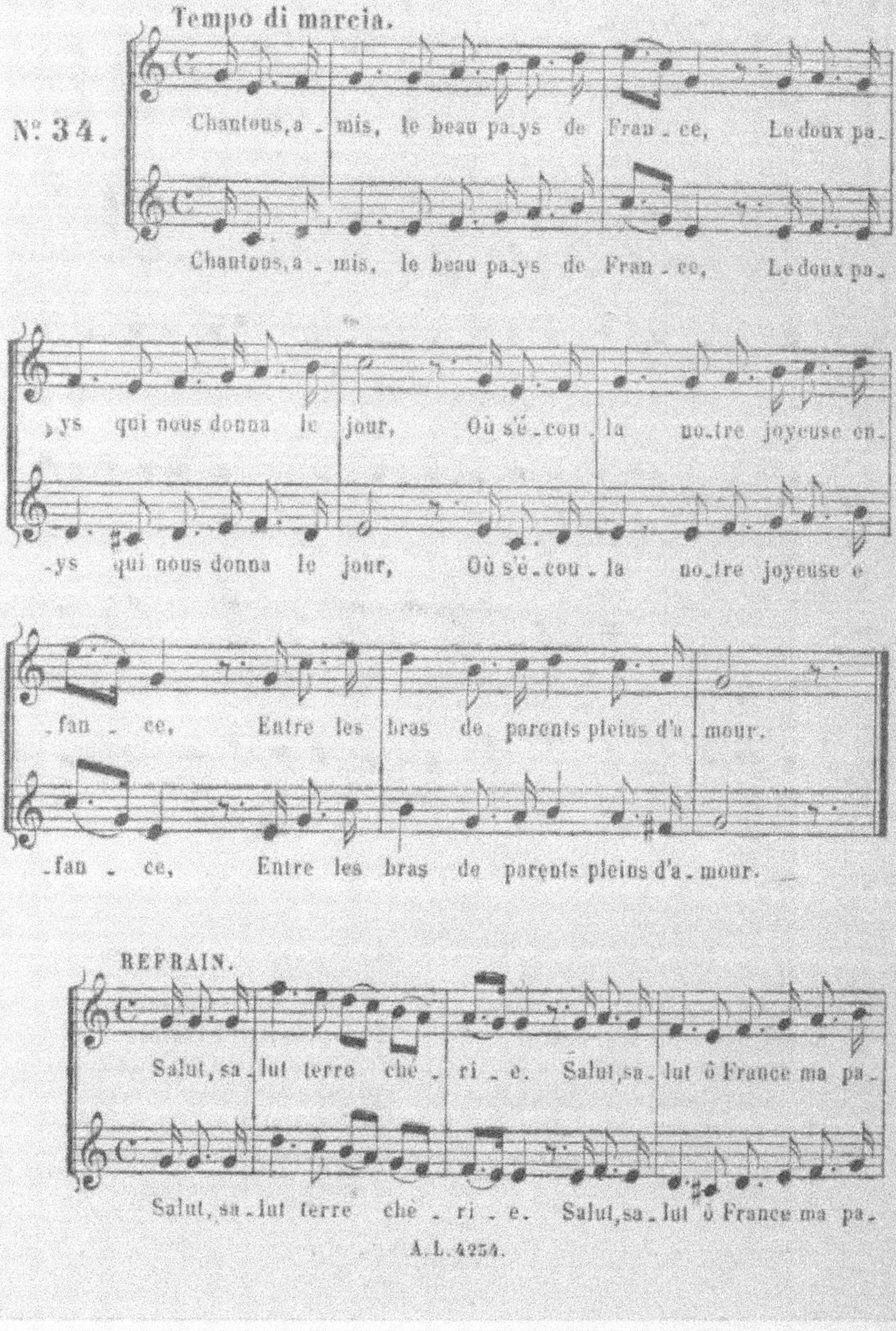
Nº 34.
Tempo di marcia.
Chantons, a_mis, le beau pa_ys de Fran_ce, Le doux pa_ys qui nous donna le jour, Où s'é_cou_la no_tre joyeuse en_fan_ce, Entre les bras de parents pleins d'a_mour.
Chantons, a_mis, le beau pa_ys de Fran_ce, Le doux pa_ys qui nous donna le jour, Où s'é_cou_la no_tre joyeuse e_fan_ce, Entre les bras de parents pleins d'a_mour.
REFRAIN.
Salut, sa_lut terre ché_ri_e. Salut, sa_lut ô France ma pa_
Salut, sa_lut terre ché_ri_e. Salut, sa_lut ô France ma pa_

A.L. 4254.

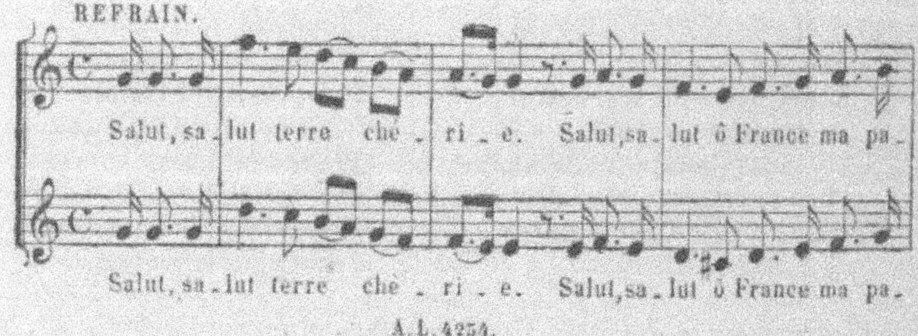

2

Aimons toujours la mémorable histoire,
De nos aïeux, de leurs vaillants exploits,
Chantons, amis, les vertus et la gloire,
De ces héros, les vengeurs de nos droits.

3

Aimons le sol que nos robustes pères,
Ont fécondé du travail de leurs bras,
Le souvenir de leurs vertus austères,
Dans le devoir affermira nos pas.

4

C'est ton génie, industrieuse France,
Qui donne à tous le signal du progrès,
Fiers de ses arts, jaloux de sa science,
Applaudissons à ses brillants succès,

UN JOUR DE FÊTE

jour!___ Gai _ ment il nous ras _ sem _ ble, Ah! chantons tour à
jour!___ Gai _ ment il nous ras _ sem _ ble, Ah! chantons tour à
tour___ Et re _ di _ sons en _ sem _ ble: Quel___ plai _
tour___ Et re _ di _ sons en _ sem _ ble: Quel___ plai _
f Chœur.
_sir! Quel bon_heur, quel plaisir, De ve _ nir à cet_te bel_le
f
_sir! Quel bon_heur, quel plaisir, De ve _ nir à cet_te bel_le
fê _ te! Quel bon_heur, quel plaisir, De ve _ nir a cet _ te bel _ le
fê _ te! Quel bon_heur, quel plaisir, De ve _ nir a cet _ te bel _ le
fê _ te! Et que cha_cun ré _ pe _ te: Quel bonheur, quel plai _
fê _ te! Et que cha_cun ré _ pe _ te: Quel bonheur, quel plai
_sir! Et que chacun ré _ pè _ te: Quel bonheur, quel plai _ sir!
sir! Et que chacun ré _ pè _ te: Quel bonheur, quel plai _ sir!

LA PRIÈRE DE L'ORPHELIN

Paroles de *** — Musique de HAYDN.

2

J'avais une bonne mère
Qui calma mes premiers cris;
Elle était dans la misère,
Dieu l'a prise en Paradis.
Dans ce moment de clémence,
Et dans son dernier adieu,
Tu le sais, sainte Espérance,
Son cœur me remit à Dieu.

3

Depuis je verse des larmes
Et j'ai froid dans les hivers;
Ah! fais cesser mes alarmes,
Vierge de tout l'univers.
L'orphelin seul sur la terre,
De faim pourrait-il mourir,
S'il dit, ma divine Mère,
Viens, ô viens me secourir.

A.L.4254.

LE JEUNE CHASSEUR

Mélodie connue.

Paroles de Mr l'Abbé LALANNE.

2

Le plus heureux des êtres
J'endosse un paletot
Au plus tôt,
Je boutonne mes guêtres,
Et me voilà leste,
Ficelé!
Lancé bel et bien,
Par voie et chemin,
Mon fusil, mon chien;
Nous voilà tous partis,
Mes amis!

3

Sans tarder davantage
Nous allons au côteau
Sous l'ormeau
Au travers du feuillage,
J'aperçois mon oiseau
Gras et beau!
Je tends le ressort,
J'ajuste et d'abord... *(Parlé).* pa ta pan
Il tombe, il est mort,
Et je cours le saisir,
Quel plaisir!

4

Mais, mon fusil rebelle
L'oiseau raté parfois
Sous mes doigts,
S'enfuit à tire d'aile,
Et se moque de moi
Le grivois!
Mais moi, je le suis
Et je le poursuis,
Et mon chien aussi
Par les champs et les bois,
Tous les trois

5

Je vais, je cours, je sue,
Je me mets aux abois
Par les bois;
Mais enfin, je le tue
Cet insolent narquois
Ah! Ah! Ah!
Je te tiens enfin
Mon petit coquin,
Tu fuyais en vain,
A présent moque-toi
De moi!

LA VISITE

Paroles de*** | MOZART.

le don pi _ eux, D'un coeur ver tu _ eux Fê _ tons la pré_
le don pi _ eux, D'un coeur ver_tu _ eux Fê _ tons la pré_
_sen _ ce Chan_tons, ce le _ brons L'a _ mi de l'en_fan _ ce Que
_sen _ ce Chan_tons, cé _ lé _ brons L'a _ mi de l'en _ fan _ ce Que
nous ve _ ne _ rons L'a _ mi de l'en_fan _ ce Que nous ve _ né_
nous vé _ ne _ rons. L'a _ mi de l'en_fan _ ce Que nous ve _ né_
_rons A cet _ te ma _ xi _ me Sci _ ence et ver_tu, Ju_
_rons. A cet _ te ma _ xi _ me: Sci _ ence et ver _ tu, Ju_
_rons tous es _ ti _ me Et zèle as _ si _ du Et zèle as _ si_
_rons tous es _ ti _ me Et zèle as _ si _ du Et zèle as _ si_
_du Et zèle as _ si _ du Et zèle as _ si _ du.
_du Et zèle as _ si _ du Et zèle as _ si _ du.

LE PETIT OISELEUR
EN VACANCES

Paroles de Mr l'Abbé LALANNE. MOZART.

2

Passez, passez, moineaux fripons,
A rien du tout vous n'êtes bons;
Venez, venez, gentils pinsons,
Je vous apprendrai mes chansons.
la la la la la la la la
Toi, planant sur ma tête
Qui chante si bien dans les airs,
la la la la la la la la
Descends, fine alouette,
Je suis friand de tes concerts.
la la la la la etc.

3

Heureuse chasse! avant midi
J'ai pris ma douzaine et demi
Les petits oiseaux, pour me fuir,
Sous les rameaux vont se blottir
la la la la la la la la
Bonsoir, je vous souhaite!
A vous revoir, mes bons amis,
la la la la la la la la
Disant ma chansonnette
Moi, je vais souper au logis.
la la la la la etc.

L'AURORE

2

Mais j'entends déjà la clochette
Je vois arriver les moutons.
Voici l'heure où de sa musette
Le berger tire ses doux sons
Il va, penché sur sa houlette,
Chanter à l'ombre des buissons (*bis*)

3

Le jour rend la vie au bocage
D'où sort un murmure enchanteur
Et mille oiseaux dans le feuillage
Redisent le chant du bonheur,
Ce chant c'est l'éternel hommage
De la nature au Créateur. (*bis*)

L'ÉCOLIER CHASSEUR

Paroles de*** Musique de ***

2

Entendez-vous une alouette
Pousser des cris désespérés?
Fuyant le chasseur qui la guette,
La suit de ses yeux effarés;
Mon chien court, la perdrix farouche
S'arrête.. elle tremble de peur...
Si mon chien hélas! ne la touche
C'est pour la laisser au chasseur.

3

Voici mon fusil sur l'épaule;
Je tire et le coup ne part pas,
Mon chien bondit, la perdrix vole...
Or, je ne puis suivre ses pas!
Riant de ma mésaventure
Je suis revenu sans gibier;
Chacun lisait sur ma figure
Que j'étais encore écolier.

LE SOUVENIR D'UNE MERE

2

Ta bouche encor ne savait pas le dire,
Mais tu savais, hélas! déjà souffrir
Dans tes soupirs une mere sut lire,
Et tu la vis aussitôt accourir;
Lorsque tes maux alarmaient sa tendresse
Elle sentait plus que toi tes douleurs.
Combien de fois une douce caresse
Et ses baisers ont-ils séché tes pleurs.

3

O cher enfant, qui vois encor ta mère,
Qui peux encor embellir ses destins;
Ouvre ton cœur au désir de lui plaire,
Préviens ses maux, adoucis ses chagrins;
Un jour, hélas! consolé de lui rendre
Tous ces bienfaits que tu reconnaîtras,
Tu n'auras plus qu'à gémir sur sa cendre,
Versant des pleurs qu'elle ne verra pas.

LES JEUX

Paroles de Mr l'Abbé LALANNE — Musique de ***

2

Hiver, été, qu'on joue et qu'on s'amuse,
Fi du crétin qui s'ennuie et languit;
L'aigle royal deviendrait une buse
S'il croupissait dans un triste réduit;
Vite une balle, on la rend, on la donne,
Aux maladroits ses coups sont destinés.
C'est un boulet qui n'a tué personne;
Mais gare à toi, possesseur d'un long nez

3

Entre deux camps, amis, qu'on se partage,
Il est un jeu cher à tout vrai Français;
Car des combats les barres sont l'image:
Plus d'un Achille y fit ses coups d'essais;
S'il fait trop chaud poussons au moins la bille,
D'en gagner une, on est toujours content.
Et si l'on perd ce n'est qu'une vétille:
Celui qu'on tue est encor bien vivant.

LA BRIGANTINE

Air Italien

Paroles de CASIMIR DELAVIGNE.

Moderato.

N° 44.

La brigan_ti_ne Qui va tour_ner, Roule et s'in_

La brigan_ti_ne Qui va tour_ner, Roule et s'in_

_cli_ne Pour m'en_traî_ner. O Vier_ge Ma_ri_e! Pour

_cli_ne Pour m'en_traî_ner. O Vier_ge Ma_ri_e! Pour

moi pri_ez Dieu. A_dieu, pa_tri_e! Pro_vence, a_

moi pri_ez Dieu. A_dieu, pa_tri_e! Pro_vence, a_

_dieu, A_dieu pa_tri_e! Pro_vence, a_dieu!

_dieu, A_dieu pa_tri_e! Pro_vence, a_dieu!

2

Mon pauvre père
Verra souvent
Pâlir ma mère
Au bruit du vent.
O Vierge Marie!

3

Ma soeur se lève
Et dit déjà:
J'ai fait un rêve,
Il reviendra
O Vierge Marie!

MAI

Paroles de ***

Musique de ***

Allegro moderato.

N° 45.

2

Célébrons le mois dont le charme
Emeut tous les coeurs à la fois!
Pourrait-on répandre une larme,
Quand reverdissent tous les bois.
Quand le charmant rossignol chante
Son concert si mélodieux;
Quand la nature est ravissante
Pourrait-on n'être point heureux.

3

Ah! célébrons sous le feuillage
La fête des bons villageois;
Leur danse et leur gai badinage,
Et leurs cris au son du hautbois;
Couronnons le plaisir champêtre
En répandant quelque bienfait;
Donnons pour les pauvres au prêtre
Notre cœur sera satisfait.

LE PETIT FRÈRE

Paroles de Mme de GIRARDIN. MOZART

2

Dans les cieux je suis ange,
Et je veille sur vous;
Ma joie est sans mélange,
Car je fus humble et doux.
Des saintes immortelles,
Je suis le protégé,
Dieu m'a donné des ailes,
Mais ne m'a point changé. *(bis)*

3

Oh! cessez votre plainte,
Ma mère, croyez moi,
Vous serez une sainte
Si vous gardez la foi.
C'est un mal salutaire
Que perdre un nouveau-né;
Aux larmes d'une mère
Tout sera pardonné. *(bis)*

BÉBÉ MILITAIRE

2

Ce bébé sans culotte,
Déjà soldat
Est haut comme la botte
De son papa.
Mais malgré son jeune âge
Il a du cœur,
Et, sans barbe, un courage
De vrai sapeur.

3

Si j'avais sous mon ordre
Un régiment,
S'avançant en bon ordre
Tambour battant,
Le fusil sur l'épaule
A mon appel,
Que j'aimerais le rôle
De Colonel!

4

La fortune cruelle
Ne le veut pas.
Je serai sentinelle
De mon papa.
Le bonnet sur l'oreille
Et l'arme au bras
A la porte je veille,
On n'entre pas.

A.L. 4254.

LES JEUNES GUERRIERS

Paroles de M. l'Abbé **LALANNE** — Musique de **KUCKEN**

2

Quand le clairon nous appelle,
Formés en deux camps rivaux, *(bis)*
Pleins de courage et de zèle
Nous suivons nos généraux

3

Au devant de la victoire
Nous courons avec ardeur *(bis)*
Où les lauriers de la gloire
Sont réservés au vainqueur.

4

Ainsi pleins de confiance
Nous attendons l'avenir *(bis)*
Pour voler à la défense
D'un pays qu'il faut chérir

A.L. 4254

REFRAIN.
p
Comme un guerrier aux com _ bats, Al_lons, mar_quez bien le
Comme un guerrier aux com _ bats, Al_lons, mar_quez bien le
pas, Un, deux, trois, un, deux, trois; A _ van _ cez tous à la
pas, Un, deux, trois, un, deux, trois; A _ van _ cez tous à la
fois: Comme un guer_rier aux com _ bats, Al _ lons, mar_quez bien le
fois: Comme un guer_rier aux com _ bats, Al _ lons, mar_quez bien le
Cresc.
f
pas, A _ van _ cez tous, A _ van _ cez tous à la fois.
pas, A _ van _ cez tous, A _ van _ cez tous à la fois.
Un, deux, trois, à la fois. Un, deux, trois, à la fois.
Un, deux, trois, à la fois. Un, deux, trois, à la fois.

HONNEUR ET PATRIE

Paroles Mr l'Abbé LALANNE

Musique de ***

2

Souvenez-vous de vos illustres pères.
De ces guerriers, des méchants la terreur,
Qui jusqu'au bout du monde arboraient leurs bannières
Pour faire triompher le bon droit et l'honneur.

3

D'autres combats mènent à la victoire
Et du savoir, les palmes ont leurs prix
Mais la seule vertu surpasse toute gloire
Heureux le jeune cœur de son bonheur épris.

CHANSON MILITAIRE

Paroles de*** MOZART

2

Le tambour, le clairon tout résonne:
Le canon avec bruit gronde et tonne;
Le sol tremble et mugit; l'air frissonne
Brillant d'or, le drapeau flotte au vent.(ter)

3

Près de lui, les enfants du village
Écoutant les récits d'un autre âge,
Admirant les exploits le courage
Bons soldats veulent être à leur tour.(ter)

LE CORBEAU ET LE RENARD

(Méfiez-vous des flatteurs.)

Musique de Mr DUMONT

N° 51.

2

Le drôle lui tint ce langage:
Peut-on voir plus gentil oiseau?

Si la voix répond au pluma-ge,
L'univers n'a rien de plus beau.

3

De plaisir l'oiseau noir croasse,
Le morceau lui tombe du bec,

Le re - nard vi-te le ra-masse
Et dit: Je vais souper avec.

4

Apprenez, poursuivit-il, beau sire,
Qu'on ne vous flatte pas pour rien.
L'adulateur ne vous admire
Que pour escroquer votre bien.

LES DEUX CHIENS EN VOYAGE

(*Choisis tes amis*)

Musique de***

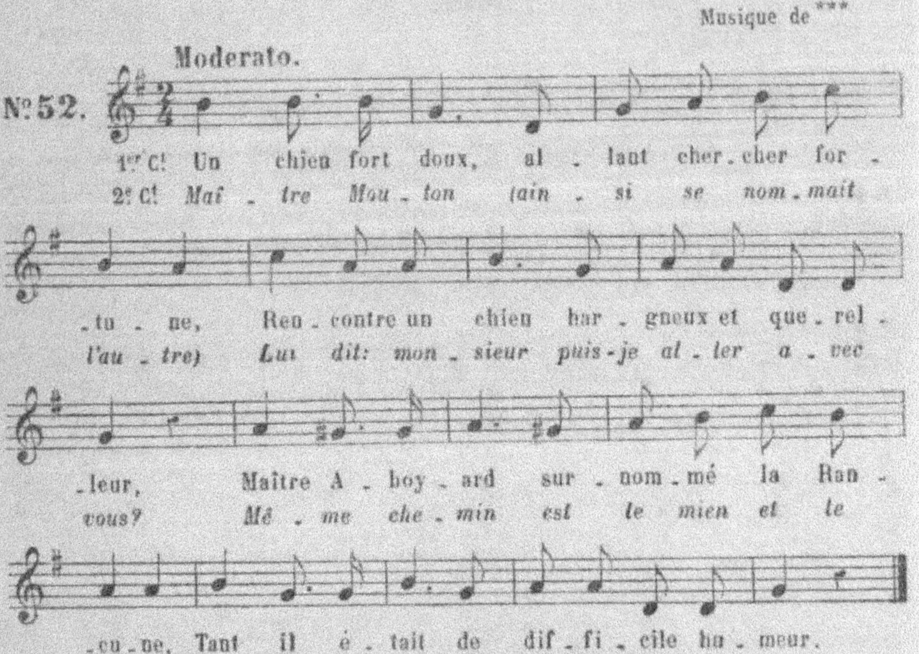

3

Le querelleur se montre peu revêche,
Les plus brutaux ont quelques bons moments;
On se tortille, on se sent, on se lèche,
Et l'on s'en va bons amis et contents

4

Mais sur leurs pas se trouve un village
Où la Rancune agace tous les chiens;
Tant qu'à la fin nos amis en voyage
Par les paysans sont traités en vauriens.

5

Pauvre Mouton en fut pour ses oreilles,
Ni plus ni moins que messire Aboyard.
On a toujours aventures pareilles
Quand on choisit ses amis au hasard.

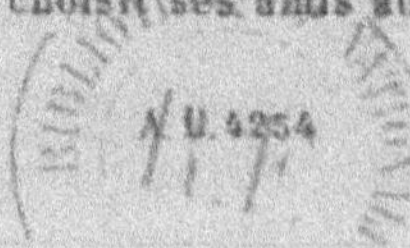

LE COUSIN ET L'ARAIGNÉE

(Craignez la flatterie)

Musique de***

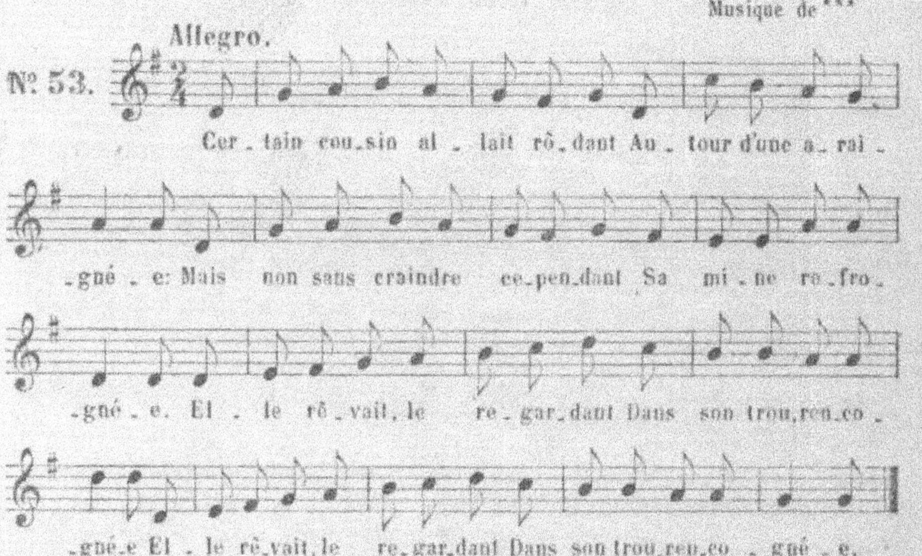

2

Il faut, dit-elle, le flatter
Et lui donner le change;
S'il aime à s'en laisser conter
A coup sûr, je le mange
Et puis se met à lui chanter
Louange sur louange,
Et puis se met à lui chanter
Louange sur louange.

3

Mais, poursuit-elle, beau mignon,
J'ai l'oreille un peu dure;
Venez me dire une chanson,
J'en battrai la mesure;
Je payerai même la façon,
S'il faut, avec usure.
Je payerai même la façon.
S'il faut, avec usure.

4

La fourbe sait accompagner
Ces mots d'un air si tendre,
Que l'étourdi sans répugner
S'avance et.... se fait prendre.
De tout flatteur doit s'éloigner
Qui ne sait s'en défendre.
De tout flatteur doit s'éloigner
Qui ne sait s'en défendre.

LE HÉRON

(Ne perdez pas une bonne occasion pour en attendre une meilleure.)

Musique de ***

2

Tanche et carpe, sous ses yeux } (bis)
En foule allaient se rendre }
Le sot oiseau dédaigneux
Marmottait: je ferai mieux
D'attendre, d'attendre, d'attendre

3

Cependant tout ce poisson } (bis)
Venant à disparaître, }
Dans sa faim notre heron
N'eut qu'un chétif limaçon
Pour paître, pour paître, pour paître

4

Pendant qu'il se lamentait } (bis)
Triste et baissant la tête, }
La pie après lui chantait,
Ricanait, et lui criait:
La bête! la bête! la bête!

LE RENARD ET LE LOUP

(Bonnes gens sont dupes de leur obligeance.)

4

Dans ce seau grimpe en diligence,
Il n'est pas là-haut vainement,
Un autre est ici-bas qui le contrebalance,
Et la voiture ira fort doucement. *(bis)*

5

Le sot entra dans la machine,
Notre gaillard s'y mit aussi
L'un en bas, l'autre en haut, en même temps chemine
Où vas-tu donc? bonsoir et grand merci. *(bis)*

6

Mais quel était ce beau fromage
Qui du gourmand fut l'hameçon?
La lune, qui peignait dans l'onde son image:
Pour nous tromper, faut-il plus de façon. *(bis)*

LES VACANCES

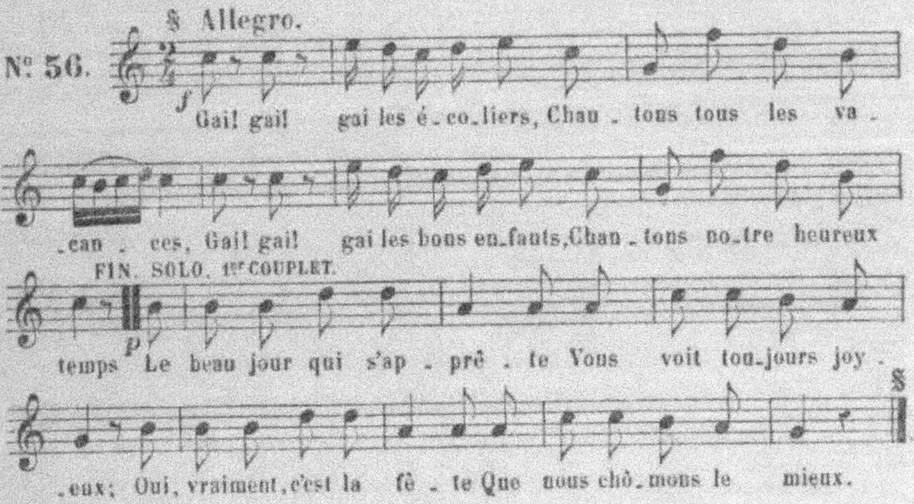

2
Si vous trouvez à dire,
De nous voir si contents
Sachez qu'on les désire
Depuis assez longtemps.

3
Pour mieux faire l'ouvrage
Il faut se reposer,
C'est donc être bien sage
Que de bien s'amuser

4
Vraiment ne vous déplaise,
Dites-moi donc pourquoi
Je suis tant à mon aise
Quand je soupe chez moi?

5
Avec ma tendre mère,
Je suis toujours heureux;
La raison en est claire:
Je fais ce que je veux.

6
Le pire de la chose,
C'est qu'il faut revenir:
Ne sait pour quelle cause
Ça ne fait pas plaisir.

7
Adieu, pupitre et livre
Fidèles compagnons;
Sans vous nous pourrons vivre
Mais.... nous vous reverrons

REFRAIN (pour finir)
Gai! gai! gai les écoliers
Profitons des vacances;
Gai! gai! gai les bons enfants
Donnons-nous du bon temps.

LES PRIX

Paroles de Mr l'Abbé LALANNE
Musique de ***
Tempo di marcia.
No 57.
f
A _ mis! voi_ci le jour des prix, Le jour de la vic _ toi _ re: Que
tous les cœurs soient donc é_pris de l'a _ mour ___ de la gloi_re!
ff
Vi_vent les prix! chan _ tons en chœur, Transpor_tés d'al_lé _ gres _ se
p
Cé_lébrons de l'heu_reux vainqueur La gloire et le bon _ heur ___
Le travail et la sa_ges_se Le tra_vail et la sa_ges _ se La gloire et le bon_
_heur, Le tra_vail et la sages _ se
FIN.
p
L'a_mour in_sensé du plai _ sir E_
_ga_re le jeune â _ ge; Ne vou_loir que se diver_tir Ce n'est pas ê _ tre
f
sa _ ge Ce n'est pas ê _ tre sa _ ge. Se_mons au beau printemps,
Pour cueillir en au_tomne Car c'est le travail qui donne Et vertus et ta_
_lents, Car c'est le travail qui don_ne Et ver_tus et vertus et ta_lents

LA DISTRIBUTION DES PRIX

Paroles de Mr l'Abbé LALANNE — Musique de GLUCK.

VACANCES!

Paroles de Mr l'Abbé LALANNE. Musique de ***

LA COURONNE

Paroles de M.r l'Abbé LALANNE. MOZART.

TABLE DES MATIÈRES

Paris. — Imp. [illegible]

www.ingramcontent.com/pod-product-compliance
Ingram Content Group UK Ltd.
Pitfield, Milton Keynes, MK11 3LW, UK
UKHW021549260726
13993UKWH00002B/724

9 782329 230535